평판이 미래다

개인과 기업을 영속하게 만드는 최고의 힘

평판이 미래다

초 판 1쇄 2020년 09월 24일

지은이 박흥식 · 박주근
펴낸이 류종렬

펴낸곳 미다스북스
총괄실장 명상완
책임편집 이다경 최병호
책임진행 박새연 김가영 신은서 임종익
본문교정 최은혜 강윤희 정은희 정필례

등록 2001년 3월 21일 제2001-000040호
주소 서울시 마포구 양화로 133 서교타워 711호
전화 02) 322-7802~3
팩스 02) 6007-1845
블로그 http://blog.naver.com/midasbooks
전자주소 midasbooks@hanmail.net
페이스북 https://www.facebook.com/midasbooks425

© 박흥식 · 박주근, 미다스북스 2020, *Printed in Korea*.

ISBN 978-89-6637-853-1 03320

값 17,500원

개인과 기업을 영속하게 만드는 최고의 힘

평판이 미래다

박흥식 · 박주근 지음

미다스북스

REPUTATION
The Eternal Power of Individuals and Businesses

나 _____ 는(은)
나와 내가 속한 조직의
평판 가치를 높이는
최선의 삶을 살 것이다.

년   월   일

_____ (서명)

'이름 있는 기업'을 넘어
'신뢰할 수 있는 기업'으로 나아가라!

"돈은 많이 잃어도 상관없습니다. 하지만 평판을 잃지 마십시오.
우리에겐 돈을 잃을 여유는 충분히 있으나,
평판을 잃을 여유는 조금도 없습니다."

– 워런 버핏 ('버크셔해서웨이'의 CEO)

현시대에서
가장 소중한 자산은 평판이다

당신이 평생 노력하여 이루고자 하는 목표가 있다면 돈, 명예, 권력 혹은 사랑 가운데 하나일 것이다. 그런데 만약 선택지가 돈과 건강, 2가지밖에 없다면 무엇을 선택할 것인가? 답하기가 쉽지는 않을 것이다. 그렇다면 인생의 갈림길에서 목숨과 평판 중 선택을 강요받는다면 어느 것을 취할 것인가? 목숨을 부지하는 대신 명예를 땅에 떨어트릴 것인가, 평판을 지키는 대신 목숨을 버릴 것인가? 이 질문에 명쾌한 대답을 하는 것은 매우 어려운 과제다. 그러면 다시 이렇게 묻겠다. 당신의 삶에서 가장 소중한 자산은 무엇인가?

평판이야말로 현재의 나를 지키고 미래의 성공을 창출하는 최고의 경쟁력 있는 자산이다. 개인과 기업의 성공을 만들어가는 것은 바로 평판의 힘이다. 현대 자본주의 사회의 핵심인 기업에서는 평판이 결정적으로 중요하다.

개빈앤더슨앤드컴퍼니(Gavin Anderson & Company)의 개빈 앤더슨은 현시대 기업평판의 중요성에 대해 다음과 같이 설파했다.

"21세기 기업은 끊임없는 변화를 거듭할 것이다. 컴퓨터 네트워크 중심으로 움직이며 유동적인 조직 구조를 갖출 것이다. 또한 혼자만의 힘으로는 도저히 살아남을 수 없으며 동맹과 협약을 취할 것이다. 유동적인 비즈니스 환경에서 통제보다는 설득과 평판 관리의 중요성이 대두될 것이다."

기업의 관리자들에게는 매일이 살얼음판이다. 기술의 발달로 기업의 업무가 사회에 즉각적으로 공개되기 때문에 평판 관리 실무자들은 시시각각 이에 대응해야 한다. 한 지역에서의 활동이나 아주 작은 실수 또는 사고도, 국제적으로 엄청난 잠재적 파급력을 몰고 올 수 있다. 이는 이런 경영환경을 인식하고 대응하는 능력을 갖추어야 한다는 것을 의미한다.

국가의 문화적 영향력부터 제품의 브랜드 파워까지 평판의 영향이 미치지 않는 곳은 없다. 당신이 만약 유능하고 믿음직한 사람으로 인정받고 싶다면 반드시 좋은 평판을 얻어야 한다. 기업과 조직에서, 특히 공공 및 민간 부문의 리더에게 목숨보다 중요한 것이 평판이다.

셰익스피어는 그의 작품 『리처드 2세』에서 이렇게 말했다.

"인생이 허락하는 최고의 보물은 바로 고귀한 평판이다."

당신이 누구든, 어떤 일을 하든, 평판은 모든 일의 성공과 실패를 좌우한다. 당신의 사업과 브랜딩은 물론, 인간관계의 기본은 좋은 평판을 얻는 것이다. 즉 개인의 생존이나 기업의 흥망은 결정적으로 얼마나 평판을 잘 관리하고 유지하는가에 따라 좌우된다.

2020년 9월

박흥식 · 박주근

기업평판 전략의 훌륭한 교과서!

기업의 사회적 자산(social asset)을 지키고 관리하는 일은 기업 최고경영자가 해야 할 가장 중요한 일입니다. 유럽의 거부였던 로스차일드 가문의 한 사람은 자신을 찾아와 돈을 빌려달라는 무일푼의 젊은이에게 "내 자네에게 돈을 빌려줄 수는 없지만 주식시장에 함께 걸어 들어가줄 수는 있네. 아마 자네에게 돈을 빌려주겠다는 사람들이 줄을 설 게야."라고 말했다는 일화는 당장 눈에 보이지 않지만 관리해야 할 자산, 평판의 힘과 중요성을 새삼 일깨워줍니다.

기업평판은 다른 물리적 자산과는 달리 경영자, 기업의 구성원, 외부 이해관계자들이 공유하는 인식과 평가에 의해 형성됩니다. 평판을 연구하는 학

평판이 미래다

자들은 기업의 평판을 개인의 '매력'에 비유하기도 합니다. 예를 들어, 한국의 반기업 정서에 대해 "우리 기업은 아무 잘못이 없는데, 도대체 왜?"라고 묻는 경영자는 기업평판이 단순히 기업의 매출과 이익, 성장 등과는 다른 차원의 문제일 수 있다는 것을 이해해야 합니다. 최근 소셜 미디어 상의 실시간 정보 공유와 기업 이해관계자들 간의 촘촘한 연결은 기업과 경영자들의 평판 관리가 어느 때보다 중요하다는 사실을 일깨워주면서 한편으로는 평판 관리를 어렵게 만들고 있습니다. 나와 기업에 대한 진실한 평판을 일관되게 유지하는 것이 쉽지 않은 시대입니다.

『평판이 미래다』는 기업평판 관리에 대해 오랫동안 연구한 박흥식 박사와 국내 기업지배구조 개선에 많은 공헌을 해온 박주근 대표께서 평판 관리의 개념과 이론적 배경, 평판 관리의 실행 원칙 등을 다양한 기업 사례와 함께 소개하고 있습니다. 기업평판 전략의 훌륭한 교과서입니다. 기업평판뿐만 아니라, 전문 경영자로서 자신의 개인적 평판 관리에 관심을 가진 모든 분께 일독을 권합니다.

– 박선현 교수(서울대학교 경영대학)

CONTENTS

PART 1

평판 관리는 100년을 보장하는 최고의 경영이다

PART 2

평판 관리는 기업의 목숨과 같다

PART 3

세계 최고의 기업을 만드는 평판 관리 5원칙

최고의 리더는 반드시 평판을 관리한다

평판 관리는 최고의 위기 관리 전략이다

"기업의 평판은 기업의 종업원, 고객, 투자자, 언론인 그리고 기타 공중에게
표출되는 한 기업의 총체적 매력이다."

– 찰스 J. 폼브런 (뉴욕대학교 스턴 비즈니스 스쿨의 명예교수, 평판 관리 전문가)

평판 관리는
100년을 보장하는
최고의 경영이다

Reputation ————————————————————————————————

"다른 무엇보다 가장 먼저 해야 할 일은
회사의 운명을 광범위하고 명확한 표현으로 정의하는 일이다.
거창하면서도 단순하고 이해하기 쉬운
여러 가지를 내포하는 메시지가 필요하다."

— **잭 웰치** ('제너럴 일렉트릭'의 전 회장)

기업의 성공 신화를 만드는
평판 관리

"평판은 기업이나 조직 또는 개인으로 하여금
고도의 성과를 올리게 하는 최고의 에너지 원천이다."

독일의 자긍심 폭스바겐의 주가는
왜 3일 만에 30% 넘게 떨어졌나?

세계적인 자동차 업체 폭스바겐은 폭스바겐, 아우디, 벤틀리, 부가티, 람보르기니 등 우리가 잘 알고 있는 '명품카' 브랜드를 보유한 회사다. 오래된 역사가 보증하는 기술력으로 국내는 물론 전 세계에서 사랑받고 있다. 그런데 이 폭스바겐의 주가를 3일 만에 30% 넘게 폭락하게 만든 사건이 있었다. 도대체 무슨 일일까?

2015년 9월 19일 토요일, 독일 전역에서 프랑크푸르트 모터쇼를 보기 위해 수많은 인파가 박람회장으로 모여들었다. '기술을 통한 진보(Vorsprung furch Technik)'라는 슬로건을 내건 아우디를 포함한 폭스바겐 그룹과 세계 3대 모터쇼로 꼽히는 프랑크푸르트 모터쇼를 개최한 독일인들의 자긍심은 한껏 부풀어 올랐다. 그러나 자부심으로 충만한 축제는 오래가지 않았다. 주말 오후 미국으로부터 '폭스바겐 디젤차 배출가스량 조작' 소식이 전해졌다. '디젤게이트(Dieselgate)'라 불리는 사태의 시작이었다.

월요일부터 언론은 이 소식을 집중적으로 보도하기 시작했다. 2015년 9월 22일 화요일, 폭스바겐은 마침내 배기가스 검사를 통과하기 위해 편법으로 소프트웨어를 설치, 배기가스량을 조작한 자사 차량이 미국 내 60만 대를 포함해 전 세계적으로 약 1,100만 대라는 사실을 시인했다. 이 내용은 화요일자 신문, 방송 등 모든 언론의 1면과 톱뉴스를 장식했다.

배기가스량 조작의 결과는 혹독했다. 이러한 일련의 사건이 발생한 지 단 3일 만에 폭스바겐의 주가는 34.7%나 급락했다. 미국에서 디젤차 판매량도 2015년 8월 8,688대에서 12월에는 76대, 즉 100분의 1 수준으로 떨어졌다. 한편, 유럽의 디젤 엔진 자동차 점유율은 2019년 3월에 31%까지 떨어졌다. 또한 각국 정부로부터 소송, 압수수색을 받았으며 미국 법무부는 106조 원의 민사소송을 추진했다.

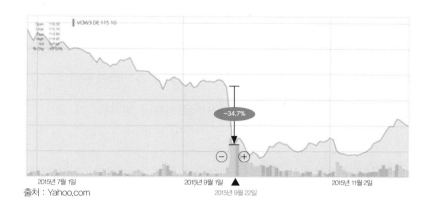

출처 : Yahoo.com

2015년 7월 1일   2015년 9월 1일 ▲   2015년 11월 2일
2015년 9월 22일

[폭스바겐의 주가는 3일 만에 162.4포인트에서 106포인트로 34.7% 급락했다]

당시 한 네티즌의 'VW=Vertrauen Weg!(VolksWagen=사라진 신뢰 또는 신뢰 아웃!)'
라는 말처럼 '메이드 인 저머니'가 주는 신뢰의 추락을 볼 수 있다. 기업의 평
판은 한 기업이 차분하게 쌓아 올린 브랜드 가치와 경제적 이익 추구뿐만 아
니라 그 기업이 속한 사회와 국가의 신뢰도와도 직결된다.

기업경영자가 성공 신화를 쓰기 위한 최우선 고려사항은 무엇일까?

많은 기업이 경영자의 리더십과 경영원칙에 의존하여 경영의 정도를 걸어
가지만 성공확률은 높지 않고, 오히려 피하고 싶은 실패 경험을 만난다. 최고
경영자가 현장에서 직면하는 수많은 경영관리 난제 중에서 간과할 수 없는
과제 한 가지를 우선 고려해야 한다면 그것은 평판 관리다.

현대사회에서 최고의 평가 기준은 평판이다. 평판으로 어느 순간 스타가 되어 날아오르는 사람, 그와 달리 한순간에 평판으로 추락하는 사람, 평판으로 성공하는 기업, 평판으로 패망하는 기업이 있다. 즉 커리어 관리의 첫걸음이자 나의 경력에 날개를 달아주는 것이 바로 평판인 것이다.

이제 평판은 시장에서 유통되는 제품 혹은 서비스뿐 아니라, 인간 개개인과 사회 속의 모든 조직과 기업에 대해서도 성립하는 보편타당한 성공함수의 진리가 됐다. 좋은 평판을 받지 못하면 기업은 패망할 것이며, 좋은 평판을 얻지 못하면 결국 존재 가치를 인정받지 못하는 처지가 될 것이다.

모든 조직과 기업은 이해관계자가 신뢰와 존중을 받아야 할 가치가 있다고 믿을 때 존립할 수 있으며, 그때 평판자산을 만들고 좋은 평판으로 얻은 가치로 인하여 명성과 함께 남다른 부와 번영을 얻게 될 것이다.

결론적으로 기업의 성공 신화를 만드는 최고의 경영은 바로 평판 관리라 요약할 수 있다.

기업평판의 경제적 효과에 대한 연구

경영학자인 다울링(Dowling,G. R. 2006)은 기업평판의 경제적 효과를 여러 가지 측면에서 연구했다.

1. 좋은 평판은 고객 수, 특히 충성도 높은 고객 수를 증가시키고, 가격의 민감성을 낮추어 더 많은 매출과 이익을 얻을 수 있다는 점을 논의했다.

2. 기업 브랜드 효과, 즉 기업의 이름은 바로 기업평판을 의미한다. 따라서 좋은 평판을 가진 기업은 새로운 제품과 서비스를 시장에 출시하거나 새로운 시장에 진입할 때, 기업평판을 이용할 수 있다고 했다.

3. 경제적 상황이나 경쟁 환경이 회사에 불리하게 작용하는 상황에서도, 매출의 변동성을 낮추어 더 낮은 매출 변동 효과를 나타낸다고 했다.

4. 성과 보증 효과로서 좋은 기업평판은 기업의 성과 보증 채권처럼 작용하며, 또한 경쟁자들보다 더 나은 거래조건으로 협상할 수 있게 해준다.

5. 이익효과로서 좋은 기업평판은 수익성을 확장하는 데 도움을 주고, 투자자들 및 다른 이해관계자들과 위험성이 낮은 안정적인 관계를 유지한다고 했다.

6. 투자자 기반조성 효과로서, 더 많은 투자를 받을 수 있고 주식을 더 높은 가격에 발행할 수 있다고 했다.

7. 신용등급 평가로서 존경받는 기업은 투자 대상으로 위험하지 않다고 여긴 다고 평가했다.(Dowling, G. R. 2006. How good corporate reputation create corporate value, Corporate Reputation Review, 46(3), 19-36.)

이외에도 여러 학자가 기업의 무형자산인 평판이 기업의 경영성과에 긍정적 영향을 미친다는 사실을 확인했다.

슈로카 등(Surroca, Tribo, & Waddock, 2010)은 기업의 평판이라는 무형자산이 기업 책임성(사회 공헌활동)과 재무성과 사이를 매개하는 변수임을 확인했고, 오스만 곡과 오즈카야(Osman Gok & Ozkaya, 2011)는 개발도상국에서 기업평판이 회사의 성과지표에 미치는 영향력을 검증했다.

호크와 알리, 알위(Hoq, Ali & Alwi, 2010)는 '윤리적 브랜드'에 대한 상품과 서비스 품질의 효과를 연구했으며, 윤리적 브랜드가 회사 평판에 미치는 효과가 긍정적임을 확인했다.

평판은 개인과 기업의
최대 생존수단이다

"평판은 이제 세상에 존재하는 모든 것의 미래를 좌우하는
핵심 도구가 되었다."

평판은 양극화한다

어떤 기업이 압도적으로 좋은 질의 제품이나 서비스를 제공하는 시대는
지나갔다. 여러 방면에서 비교하여 평균을 내었을 때, 비슷비슷한 수준의 제
품이나 서비스를 제공하는 다양한 기업이 있을 뿐이다.

• 같은 제품을 팔아도 잘 파는 기업 vs 눈에 띄지 않고 묻히는 기업
• 잘 팔리는 상품 vs 팔리지 않는 상품

• 경쟁력 있는 우량 기업 vs 부실기업

그렇다면 이러한 양극화 현상은 어디서 오는가?

상품과 관련된 정보가 폭발적으로 증가하고 있다. 과거 판매자의 수가 제한적이었고 광고나 홍보 등의 PR이 활발하지 않았던 시절에는 판매자의 권유나 설득이 고객의 선택에 많은 영향을 미쳤다. 그러나 정보가 넘쳐나고 상품 선택의 폭이 넓어지니 소비자는 이제 자신의 판단으로 제품을 구매하려는 성향이 강해졌다. 현대인의 소비에서 브랜드 명성 자체가 중요한 구매요인이 되고 있다.

이제 소비자들이 상품을 선택할 때 고려하는 요소에 상품 자체의 기능이나 디자인, 가격 경쟁력뿐만 아니라 그 제품이 가진 이미지, 제품을 만든 기업에 가지는 호감과 신뢰, 기업 오너에게 느끼는 존경심이나 인간적 매력이 포함되고 있고, 그 중요성은 시간이 지날수록 점점 더 높아지고 있다. 소비에서 제품 자체의 경쟁력보다 기업의 평판에 더 높은 점수를 주어 선택하는 경우도 많아졌다.

우리가 사는 이 시대에 기업이나 개인의 생존 전략으로서 가장 중요한 수단 매체는 평판이다. 이제 개인의 성공은 각자의 재능이나 기술에만 달려 있지 않고, 기업의 사활 역시 제품이나 품질에만 의존하지 않는다. 평판은 이제 개인과 기업은 물론 세상에 존재하는 모든 것의 미래를 좌우하는 핵심 도구가 되었다.

이 평판을 잘 관리하고 유지하고 이용하면 유한한 능력과 자원을 더 효율적으로 운용할 수 있다. 0에서, 혹은 마이너스(-)에서 시작한다고 해도 플러스(+)로 발전할 수 있다. 그러나 평판을 신경 쓰지 않는다면 가지고 있는 능력과 자원조차 100% 드러내지 못하게 된다. 플러스 상태에서 시작해도 평판 관리를 등한시한다면 결과의 양과 질은 점점 떨어질 것이다.

평판이란 무엇인가?

평판은 세상 사람들이 대상을 바라보는 인식과 신념, 기대감에서 비롯되었고 일반적으로 정체성, 이미지, 브랜드, 인상 등의 개념과 혼용되어 왔다. 이것에 대해서는 이 책의 5장에서 다루기로 한다.

한편, 평판의 개념과 측정 방법에는 학자들 간에 이견이 있다. 평판의 개념에 대한 주장은 5가지 형태로 나타난다.

첫째, 평판에 대한 가장 오래된 정의로, 평판을 인지와 신뢰로 바라본 관점이다.

하버드대학교 경영대학원 명예교수인 시어도어 레빗(Theodore Levitt, 1965)은 기업평판은 기업이 잘 알려져 있는지, 좋고 나쁜지, 믿을 수 있는지로 나타낼 수 있다고 했다.

둘째, 커뮤니케이션 후광효과로 평판을 바라보는 관점이다. 평판은 실제 조직과의 직접경험으로부터 발생하기보다는 미디어를 통한 커뮤니케이션과 이미지를 통해 형성된다고 본다.

토파리안(Topalian, 1984)은 기업평판이란 소비자가 인식하는 회사의 본질과 실체에 대한 기대, 태도, 느낌과 관련된 것으로서 기업의 정체성을 반영한다고 했다.

알베슨(Alvesson, 1990)은 평판이 기업과 관련된 특정 그룹에 의해 형성된 전체적이고 생생한 느낌, 인상과 관계가 있다고 바라봤다. 한편으로는 그룹 정보원들의 정보처리 과정의 결과로, 또 한편으로는 기업의 본질과 관련된 질문에 대한 기업의 통합된 커뮤니케이션에 의해 형성된다고 했다.

셋째, 평판을 기업 속성에 대한 장기적 평가로 보는 관점이다. 이들의 관점에서부터 평판은 이미지보다 행동에 기반을 두었다.

폼브런과 샌리(Fombrun & Shanley, 1990)는 평판이란 오랜 시간 누적된 고객그룹의 평가라고 했다.

헤르빅과 마일위츠(Herbig & Milewiez, 1995)도 평판은 조직 전체의 속성을 장기간에 걸쳐 일관되게 평가한 것이라고 했다.

발머(Balmer, 1998)는 기업평판은 오랜 시간에 걸쳐 이루어진 조직에 대한 지각으로, 기업이 무엇을 하고, 어떻게 행동하고 있는가에 초점이 맞추어져 있다고 했다.

넷째, 평판을 이해관계자가 가지는 지각의 총체적 매력으로 정의한 관점이다. 셋째 관점과 연결되지만, 이해관계자 개념을 도입한 것에서 차이가 있다.

폼브런은 "기업의 평판은 기업의 종업원, 고객, 투자자, 언론인 그리고 기타 공중에게 표출되는 기업의 총체적 매력이다."라고 했다.

또한 포스트와 그리핀(Post & Griffin, 1997)은 기업평판은 조직의 이해관계자, 즉 종업원, 고객, 공급업자, 투자자, 커뮤니티, 사회활동가, 미디어 등의 의견·지각·태도의 총체라고 했다.

린도바와 폼브런(Rindova & Fombrun, 1998)은 기업평판은 회사의 지난 행동과 결과에 대한 집합적 재현으로 다양한 이해관계자에게 가치 있는 성과를 제공할 수 있는 회사의 능력을 나타낸다고 했다. 그리고 기업의 과거 활동과 결과에 대해 수집된 표현이며, 그 활동의 결과는 다양한 이해관계자에게 가치 있는 성과를 전달할 수 있다고 했다.

베넷과 코타즈(Bennett & Kottasz, 2000)는 평판은 회사의 질과 행동, 이해관계자, 기업 이미지, 미래 행동과 관련된 기대 등을 포함한다고 주장했다.

다섯째, 가장 광범하게 평판을 설명하는 관점으로 브랜드와 이해관계자의 관계를 포함한 사회적 정의이다.

폼브런과 반 리엘(Fombrun & Van Riel, 2003)은 평판은 기업의 자본이며 시장가치의 하위체계의 하나로서, 해당 기업의 브랜드 가치와 이해관계자의 관계로 이루어진다고 했다. 즉 평판 자본은 기업의 주식에 대한 평가 자산이자 사회적 자산으로, 기업이 주주들과 함께 일구어낸 속성이며 그 기업과 브랜드가 획득한 존경받는 이미지라고 했다.

"평판은 자신이 쓰는 자서전과 같으며, 타인이 자신의 소유물, 행동, 태도, 성취 결과들을 포함한 이력서를 보는 것이다."

좋은 평판은 조직의 높은 성취를 이뤄주지만 나쁜 평판은 조직을 하루아침에 패망으로 이끌기도 한다. 현대사회에서 평판은 개인에게도 매우 중요하다. 현대인들은 신용점수와 마찬가지로 평판점수로 사람들에게 평가받는다.

당신은 과연 어떤 사람인가? 당신이 몸담은 기업은 어떤 기업인가? 당신이 소속된 조직은 어떤 조직인가? 사람들은 당신을 얼마나 알고 있는가? 그들은 당신이 소속된 기업이나 조직을 신뢰하고 존경하는가? 그들은 당신을 좋게 보는가, 아니면 나쁘게 바라보는가?

우리는 이 시대에 기업이나 개인의 생존 전략으로서 가장 중요한 요소 중 하나가 평판이라는 사실을 명심해야 한다.

성공적인 기업평판은
어떻게 만들어지는가?

"기업평판은 기업경영과 브랜드의 우수성이
공중에게 어떻게 비치고 있는가를 보여주는 거울이다."

좋은 평판은 어떻게 얻는가?

평판의 가치는 주식 가치와 같다. 주식의 가치가 매일 아침 올라가고 매일
저녁 내려가듯이, 평판의 가치 역시 시대가 요구하는 기대 수준에 따라 올라
가기도 하고 내려가기도 한다. 그 기업이 어떤 제품을 출시하는지, 어떤 서비
스를 제공하는지, 기업의 오너가 어떤 결정을 내리는지, 사회에서 어떤 역할
을 하는지에 따라서도 달라진다.

지난주에 기업평판 1위를 차지했던 기업의 주가가 오늘 아침에는 바닥을 칠 수도 있다. 있는지 없는지도 몰랐던 기업이 보도기사 한 줄로 국민 기업이 될 수도 있다.

이러한 기업들의 걸음걸음에 대해 소비자들은 나름의 판단을 내린다. 대체로 투자자들 못지않게 빠르고 꼼꼼하게 판단을 내리지만, 소비자들이 가진 자료는 제한적이다. 언론을 통해서 내보내는 광고 캠페인과 보도기사, 산업·금융 컨설턴트들이 제공하는 재무분석보고서 등의 자료에 따라서 기업의 역량과 비전 등을 이해하고 해석한다.

그러나 기업평판은 기업이 이룩한 경영실적과 함께 그들의 내부직원이나 거래처에 관해 어떻게 대우하고 협력하며, 사회에도 어떻게 기여하고 있는지 등에 대해 명확히 커뮤니케이션 활동을 함으로써 이루어진다. 특히 상위권 기업의 강력한 평판 토대는 근무환경과 같은 요인들, 조직관리 방식(거버넌스), 감성 소구, 안정된 리더십 등의 적절한 배합을 통해 그들이 달성하고자 하는 전략적 포지셔닝을 얻는 것이다.

그렇다면 세계 최고의 기업은 어떻게 성공적인 평판을 만들고 탄탄한 평판 플랫폼을 구축할 수 있는지 살펴보자.

1. **평판지수 :** 감성 소구, 제품과 서비스, 거버넌스, 재무성과, 비전과 리더십, 근무환경, 사회적 책임
2. **평판 플랫폼 :** 기업이 평판 관리의 포지셔닝에 사용할 차별적 가치의 목록이나, 도구, 커뮤니케이션 콘셉트
3. **평판 네트워크 :** 기업의 활동이 메시지라면, 네트워크는 메시지를 이동시키는 통로다

첫 번째, 평판지수를 점검하라

어느 특정 기업의 평판을 알아보기 위해서, 먼저 고객과 소비자 관점에서 출발해보자. 당신이 알고 있는 유명 기업 하나를 고르라. 그리고 왜 그 기업을 선택했는지 설명해보라.

당신이 머리에 떠올린 명분을 몇 개의 범주로 나눌 수 있다면, 또한 이해관계자 그룹별로 동일 질문을 하고 그 질문의 응답과 비교해서 별반 다르지 않다면, 그것이 바로 그 기업의 평판지수의 기준이 될 것이다.

세계적으로 통용되는 기업의 보편적 평판지수는 대개 7가지 범주로 나뉜다. 감성 소구, 제품과 서비스, 거버넌스, 재무성과, 비전과 리더십, 근무환경, 사회적 책임의 7가지 요소다.

한편 평판에 관련된 언론 보도의 기사는 이해관계자들의 다양한 스펙트럼에서 기업이 어떻게 인식되는지를 반영한다. 그리고 이는 기업이 미디어와 공중에게 어떻게 관계하며 커뮤니케이션해야 할 것인지를 고려하게 한다.

어떤 기업은 소비자들이 생각하는 것보다 미디어에서 더 좋은 관점으로 보도된다. 이것은 미디어가 기업의 실제 상황을 더 잘 이해하고 있다는 증거이다. 이러한 보도 관점에 따라 기업은 소비자와 전보다 더 세밀한 커뮤니케이션을 기획하고 효과적인 홍보를 행함으로써 기업의 명성과 평판을 향상시킬 수 있다.

즉, 명성과 위기는 기업의 활동이 평소 얼마나 투명하며 일관성과 신뢰성을 가지는지, 또 위기상황에서 대처하는 전략과 대응 방법이 어떤지에 따라 나타나는 평판 함수라 할 수 있다.

평판 관리는 소비자 여론조사 분석과 미디어 보도 분석 결과를 종합해서 분석하고 변화를 예측할 수 있느냐에 달려 있다. 경제가 호황이든 불황이든 어떤 기업은 여전히 좋은 평판을 쌓아가고 있으며, 어떤 기업은 악평을 받고 있다.

지금 기업 신뢰를 조사한다면, 한국에서 가장 존경받는 기업은 어디일까? 지금 공중과 미디어는 당신을 얼마나 이해하며 호의적인 태도를 보이고 있는지 알아보라. 평판지수를 점검하고 여론조사와 미디어 분석을 통해 평판도 점수가 어떤지 확인하라.

두 번째, 평판 플랫폼을 이용하라

평판 플랫폼이란, 기업이 평판 관리의 포지셔닝에 사용할 차별적 가치의 목록이나 도구 또는 커뮤니케이션 콘셉트(Concept)를 말하며, 평판 기반으로서 자신의 차별성을 전달하는 데 사용하는 주된 도구를 말한다. 즉 고객의 요구에 맞춘 슬로건, 독특한 트레이드마크와 로고, 인격화된 기업 이미지 등이 포함된다.

다음 3가지는 미국 기업들이 가장 많이 이용하는 평판 플랫폼의 특징이다.

첫째, 활동 영역이다. 기업은 자사가 참여하는 주요 비즈니스 영역을 중심으로 평판을 형성하려고 한다. 이베이는 전자상거래, 다임러-크라이슬러는

　　　　　　　　　　　　　　　　　　　　　　　　　平판이 미래다

운송기술, 썬마이크로시스템즈는 네트워크 전산과 같은 포지셔닝 방식이다.

둘째, 성과·이익을 말한다. 기업 활동으로 얻을 수 있는, 눈에 띄는 사업성과와 이익을 강조한다. 델은 비용 절감, 시어즈는 가격, 브리지스톤은 고성능 타이어를 부각시킨다.

셋째, 감성 소구를 한다. 기업은 지지를 끌어내기 위해서 다양한 차별적 감성 테마를 사용한다. 소니는 오락, 화이자는 일상생활, 존슨앤드존슨은 모성애, 아마존은 개인화된 서비스, 사우스웨스트항공은 즐거움과 친절을 앞세워 이해관계자들과 감성적 유대를 맺고자 한다.

세 번째, 네트워크로 연결하라

평판 관리의 핵심은 무엇인가? 호평이든 악평이든 모든 평판은 네트워크와 중계자를 매개로 확산한다.

기업평판의 가장 강력한 요소는 이해관계자와의 연결고리다. 기업의 PR 실무자들이 경험하듯 평판 관리의 주제와 대상도 변한다. 공중이라는 용어보다는 이해공중이나 정책고객 혹은 이해관계자라는 용어가 더 많이 사용되고 있다.

주주뿐만 아니라 직원, 제조업자, 소비자, 투자자, 지역주민, 조직과 관련 있는 특정 이해그룹과의 관계 맺기가 중요하며, 이해관계자는 더 충성조직이 되도록 유도하고 조직에 대한 기대와 책임을 함께 공유하도록 한다.

기업의 활동이 메시지라면, 네트워크는 메시지를 이동시키는 통로이다. 네트워크가 없으면 어떤 평판도 쌓을 수 없다. 네트워크는 다양한 이해관계자 집단의 구성과 특성에 따라 만들어가는 커뮤니케이션의 연결고리다.

'사회적 자본'이라는 개념을 주창한 대표적인 학자 로버트 퍼트넘(Robert Putnam)은 저서 『나홀로 볼링에서』에서 사회적 자본을 '개인과 가족을 비롯한 사회구성원 간의 선의와 우정, 공감과 상호작용'이라고 말한다.

네트워크를 좌우하는 변수는 다양하다. 이해관계자 중에서도 서로 얼마나 잘 알고 있는지 네트워크의 밀도가 중요하다. 또한 강한 연결인지 약한 연결인지 결속의 정도가 중요하며, 단순한 연결자인지 영향을 미치는 인플루언서인지 네트워크에서 담당하는 중계자 역할도 중요하다.

- 인간의 생존경쟁에서 가장 필요한 것은 무엇일까?
- 기업과 조직이 성공하기 위해서는 어디서 무엇을 시작하며 어떻게 완성해야 할까?
- 개인과 기업이 신뢰와 지지를 얻기 위해서는 무엇이 필요할까?

평판이 미래다

- 우리가 오늘보다 더 나은 미래를 창조하기 위해 노력해야 한다면 그 노력은 구체적으로 어떤 것이어야 하는가?

이제 개인이나 기업의 사활은 제품이나 품질, 콘텐츠뿐 아니라 자신의 성장 스토리와 다른 사람과의 연결과 관계 맺기를 통하여 쌓아가는 평판 만들기에 달려 있다. 평판은 기업과 직장인, 그 외에 개개인의 삶에 매우 강력한 영향을 끼친다. 평판은 기업의 시장가치를 최대 75%까지 좌우한다. (하우석, 『능력보다 큰 힘-평판』, 2008)

우리가 사는 이 시대에 개인이나 기업의 생존전략으로서 가장 중요한 요소 중 하나는 평판이다.

대학생·직장인, 남성·여성이 뽑은 좋은 기업은?

기업평가 사이트 CEO스코어와 글로벌 평판커뮤니케이션 연구소(GRCI)는 국내 500대 기업을 대상으로 기업평판 조사를 실시했다. 경영학을 전공하는 서울소재 대학생·대학원생, 언론인을 포함한 직장인에게 제품·서비스, 혁신, 근무환경, 거버넌스, 사회적 책임, 비전·리더십, 재무성과, 소비자 감성 소구 등 총 8개 항목에 대해 물었다. 조사 결과에 따르면 1위는 총점 89.70점으로 삼성전자가 차지했다. 2위는 SK하이닉스, 3위는 LG전자가 따라왔다. 이어서 카카오, 네이버, 매일유업, 오뚜기, 현대자동차, 유한킴벌리, SK텔레콤이 10위권에 들었다.

눈여겨볼 점은, 조사 집단과 성별에 따라 평가가 갈렸다는 것이다. 대학생 집단의 경우 삼성전자, SK하이닉스, LG전자, 카카오 순이었고, 직장인 집단에서는 삼성전자, LG전자, SK하이닉스, ㈜SK 순으로 높은 점수를 받았다. 한편 ㈜SK와 현대자동차는 남성들이 좋게 평가한 10대 기업에는 있었지만, 여성들이 좋게 평가한 10대 기업에는 들지 못했다. 대신 매일유업, 신세계, 아모레퍼시픽이 포함되어 있었다. 남성과 여성 관계없이 같은 순위를 기록한 기업은 1위 삼성전자, 6위 오뚜기였다. (참고 : 연합뉴스 "대학생·직장인의 기업평판은…삼성전자-SK하이닉스-LG전자순", 2019.11.13.)

평판지수는
어떻게 평가되는가?

"평판지수는 이해관계자가 만드는 평판의 판단 기준일뿐만 아니라,
평판의 주체가 관리해야 할 핵심 이슈다."

평판을 만드는 기준이자 핵심 이슈, 평판지수

2001년, 미국에서 20개 항목으로 구성된 평판지수 설문이 진행됐다. 존슨
앤드존슨이 3년 연속 1위를 차지했으며, 마이크로소프트, 코카콜라, 3M, 소
니 등이 상위 10개 기업에 올랐다. 20년이 지난 오늘날에도 이 기업들의 명성
은 거의 여전하다.

개인과 기업, 조직을 막론하고 누구나 수많은 평판의 잣대 위에 놓인다. 평

상시에 좋은 평판을 받다가도 한순간의 잘못으로 나쁜 평판을 받기도 한다. '평판을 받는다'고 표현했듯이 평판은 분명 나오는 다른 사람들, 대중에 의해 만들어진다. 물론 공개되고 노출된 자료들이 항상 옳고 확실한 것은 아니다. 거짓 혹은 중상모략일 수도 있다. 사실이더라도 평판에 얼마나 영향을 미치는지는 확실하지 않다.

그렇다면 평판을 평가하는 기준은 무엇일까? 바로 평판지수다.

평판지수는 이해관계자가 만드는 평판의 판단 기준일 뿐만 아니라, 평판의 주체가 관리해야 할 핵심 이슈다. 또한 평판을 만드는 주관적 기준 역시 평판지수다.

평판을 관리하기 위해서는 먼저 평판을 측정해야 한다. 측정 결과를 토대로 문제점을 발견하고 해결할 이슈와 과제를 도출해 새로운 평판 관리를 위한 전략을 수립해야 한다. 이때 평판을 측정할 평판 척도가 바로 평판지수다.

평판지수는 일정하지 않으며 대상에 따라 달라진다. 동일 대상이라도 조사자의 주관에 따라 변화할 수 있다. 평판의 대상은 여러 갈래로 나뉜다. 개인평판, 조직평판, 기업평판, 도시평판 등 대상에 적용되는 평가지수는 다양하다.

기업평판은 기업이 과거로부터 현재까지 오랜 기간 수행해온 기업 행위에 대한 평가다. 기업 행위에 대한 평가는 단순히 소비자뿐 아니라 다양한 이해관계자의 평가를 모두 모은 것이다. 상상이나 미경험에 의한 추상적 평가가 아니라 실제 경험을 통한 구체적인 평가다.

기업평판은 어떤 기준으로 측정되는가?

기업평판에 관한 기존 연구에는 평판 순위를 위해 고안된 평판 측정 체계로 다양한 구성 요소가 포함되어 있다. 기업평판 측정과 관련하여 가장 유명한 〈포춘(Fortune)〉의 평판 측정 항목은 8가지로 구성되어 있다.

1. 혁신성
2. 경영의 질
3. 장기투자가치
4. 공동체와 환경에 대한 책임
5. 인재의 모집과 확보
6. 제품·서비스의 품질 우수성
7. 재무의 건전성
8. 기업자산의 현명한 활용

그러나 이 평판 조사는 검증 수단과 데이터 수집 방법에서 많은 문제점이 제기되고 있다. (Fombrun & Van Rial. 2003)

다울링은 평판의 순위화가 아닌 평판의 효과에 초점을 맞추어 평판을 측정하였다. 그의 평가 요소는 시장 영향력, 기업 성과, 사회적 책임, 기업 퍼스널리티 등 기업 이미지 및 아이덴티티 요인을 중심으로 한다. 또한 기업평판의 긍정적 5요소 칭찬, 존중, 존경, 신뢰, 신용 등의 결과에 따라 각 기업을 다르게 평가하였다. (Dowling, 2004a: 2004b)

뉴욕대학교 스턴 비즈니스 스쿨의 명예교수이며 미국 평판연구소(The Reputation Institute)의 폼브런(Fombrun,1999:2000)과 여론조사업체 해리스 인터랙티브(Harris Interactive)는 공동으로 기업평판에 대한 측정 요소로 사용되는 평판지수 RQ(The Reputation Quotient)를 개발했다. 측정항목은 다음 7가지다. (Fombrun &Van Rial, 2003)

1. 감성적 매력
2. 제품과 서비스
3. 근무환경
4. 재무 성과
5. 비전과 리더십

6. 거버넌스

7. 사회적 책임

국내에서는 기존의 기업평판연구와 전문가 심층 인터뷰를 토대로 한국 기업의 특성을 반영한 '기업명성지수'가 개발되었다. 기업명성지수는 3개 차원 8개 요인으로 구성된다. 기업 정체성 차원의 '기업 철학, 문화 요인', 'CEO 리더십 요인', 기업 전략 차원의 '브랜드 가치 요인', '경영성과 요인', '인적자산 요인' 그리고 기업 커뮤니케이션 차원의 '통합 커뮤니케이션 요인', '쌍방 커뮤니케이션 요인', '이미지관리 요인'으로 평가하였다. (차희원, 2004).

평판컴연구소와 시이오랩이 주관한 '2019 한국기업평판조사'는 기존의 기업 조사와 비교하여 3가지 차이점이 있다.

첫째, 조사의 특징은 조사 대상에 있다. 평판 조사의 대상인 조사 패널 집단의 전문성이다. 조사의 대상은 이해관계자 그룹 중에서도 외부관계자 집단으로서 국내 수도권 중심 주요 대학 및 대학원 소속 경영학 전공의 학사, 석사과정 재학생 그룹 200명과 국내 언론 미디어 소속 산업부 담당 현직 기자단 200명, 국내 금융컨설팅회사 전문 애널리스트 그룹 200명 등 600명이다. 기업 이해관계자 네트워크의 최우선 인플루언서인 전문가 집단을 조사 대상으로 선정한 것이다.

둘째, 조사 내용으로서 측정 평가항목으로 세계적 기준의 평판지수를 적용하였다.

이번 기업조사의 평가지수는 기업의 제품과 서비스, 재무성과를 포함하여 감성 소구, 근무환경, 거버넌스, 리더십과 비전, 사회적 공헌 등 7개 항목을 조사했다. 이들 지수 항목은 세계적 기업조사연구소와 조사기관이 측정항목으로 채택하고 검증한 기업평판지수와 동일한 기준을 적용한 국내 최초의 조사이다.

셋째, 국내 500대 기업 중 '좋은 기업' 평판을 받는 최상위 기업과 함께 '나쁜 기업' 평판을 받는 최하위 기업도 조사했다.

조사연구를 주관한 책임연구자 박흥식(평판컴연구소장, 언론학 박사)은 "좋은 기업평판 1위 기업은 '삼성전자'가 차지했으며, 나쁜 기업평판 1위는 '다스'가 차지했다."라고 밝혔다.

디지털 시대에는 기업도, 개인도, 조직도 방대한 양의 수집 데이터를 통해 알아낸 정보를 분석해서 한 개인의 업무능력과 경제력, 건강과 취미에 이르기까지 거의 모든 것에 관한 평판을 참고해서 평판 점수를 매긴다.

세상에 데이터가 넘치지만 눈여겨보지 않는 사람들이 아직 많다. 나는 모르는 정보를 누군가 알고 평가하고 공격할 때 기업의 운명은 어떻게 될까? 개인에 대한 악플, 인신공격, 명예훼손, 개인정보 유출, 기업의 제품과 서비스에 대한 불평과 비난, 조직의 비리나 부조리 폭로 등을 법이 적절히 통제하지 못할 때 우리 스스로 어떻게 이런 위기에 대처해야 할까?

평판지수를 점검하고 관리하라. 이를 통해 모르는 사이에 기업으로 향하고 있던 부정적인 이슈를 미리 캐치하고, 긍정적인 방향으로 이끌어나갈 수 있을 것이다.

국내의 평판지수 : NCSI, NBCI, KCRI

NCSI, 즉 국가고객만족도(National Customer Satisfaction Index) 모델은 국가, 업종, 기업의 품질과 경쟁력을 측정, 평가, 관리하기 위한 국가경쟁력 지수이다. NCSI는 한국생산성본부(KPC)가 미국 미시건대학교와 공동으로 개발하였으며, 실사 면접원 대상 2단계 교육 및 3단계에 걸친 설문과 데이터 검증 절차를 통해 소비자와 기업에 정확하고 신뢰할 수 있는 NCSI를 발표한다. 2020년 1분기 업종별 전체 순위는 아래와 같다.

유선전화	1위 KT	2위 SK브로드밴드
국제전화	1위 SK텔링크	2위 KT
인터넷전화	1위 KT	2위 SK브로드밴드
이동전화서비스	1위 SK텔레콤	2위 KT
국내항공	1위 대한항공	2위 아시아나항공
국제항공	1위 아시아나항공	2위 싱가포르항공
저비용항공	1위 제주항공	2위 에어부산
검색포털	1위 네이버	2위 구글코리아
영화관	1위 롯데시네마	2위 CJ CGV

| **도시철도** | 1위 대구도시철도공사 | 2위 대전도시철도공사 |
| **택배** | 1위 우정사업본부 | 2위 CJ대한통운 |

NBCI, 즉 국가브랜드 경쟁력지수(National brand competitiveness index)는 기업이 소비자를 대상으로 진행한 마케팅 활동을 통해 브랜드 인지도, 브랜드 이미지 및 관계 구축으로 형성된 점수를 100점 단위로 산출한 지수다. 국내 동일 산업군 내에서 브랜드의 경쟁력 수준을 객관적으로 판단할 수 있게 개발한 지수다. NBCI는 정부 지원 아래 개발된 가장 신뢰할 수 있는 국가 브랜드 경쟁력 지표다. 2020년 7월에 인증받은 제조업 부문 1위는 다음과 같다.

자동차	현대자동차
에어컨, 공기청정기, TV 등 7개 업종	LG전자
아파트	삼성물산
아웃도어	영원아웃도어(노스페이스)
전기밥솥	쿠쿠전자
타이어	한국타이어앤테크놀로지
김치냉장고	위니아딤채
가스보일러	경동나비엔

05

외부평판은
기업 경쟁력의 토대다

"기업평판은 기업이 과거부터 현재까지
오랜 시간 수행해온 기업 행위에 대한 평가다."

오르락내리락 요동치는 기업 외부평판

기업평판 개념이 대중적으로 알려진 것은 1982년 미국의 경제잡지인 〈포춘(Fortune)〉이 '미국의 가장 존경받는 기업(America's Most Admired Companies)' 순위를 발표하면서부터다. 이것이 인기를 얻자 연례적으로 발표하게 되었고, 이후 다른 국가들과 지역에서 이를 모방한 기업 순위를 발표했다. 이후 평판연구소(Reputation Institute)가 진행하는 컨퍼런스와 1997년 이후 평판연구소가 연 4회 발행하는 저널인 〈기업평판 리뷰(Coporate Reputation Review)〉의 연구에 힘입어 평판의 개념은 세계적으로 확산되었다.

기업평판은 쉽게 외부평판과 내부평판으로 나눌 수 있다. 이 장에서는 외부평판에 대해 알아보자.

언론 보도를 훑어보면 국내외를 막론하고 기업평판과 관련된 기사가 숱하게 많다. 그러나 애석하게도 대부분의 기사는 해당 기업에 대해 좋지 않은 기사 내용으로 가득 차 있다. 아래는 기사 내용 중 몇 가지를 요약하여 가져온 것이다.

① 미국 유명 시장조사업체 제이디파워의 '2020 내구품질 조사(VDS)'에서 현대자동차의 제네시스가 종합 1위에 올랐다고 한 소식이 있다. 이 조사는 현지 소비자들이 자동차를 살 때 참고하는 주요자료로, 각 해당 상품을 구매한 지 3년 된 소비자를 대상으로 실시된다고 한다.

② 2020년 2월 초, 네덜란드 암스테르담발 인천행 여객기 화장실 문에는 '승무원 전용 화장실'이라는 문구가 붙어 있었다. 문제는 그 문구가 한국어로만 붙어 있었다는 것이다. 당시 승무원은 '잠재적 코로나 보균자로부터 안전을 지키기 위한 조치'라고 설명했으며, 이 이야기는 곧 인종차별 논란을 일으켰다. 결국 네덜란드 항공사 KLM 기욤 글래스 지사장 등은 그날부터 5일 후

서울에서 열린 기자간담회에서 고개 숙여 사과했다.

③ 라임자산운용과 신한금융투자가 모(母)펀드 3개 중 '무역금융 펀드'의 부실을 인지했으나 투자자들에게 고지하지 않은 채 판매했다고 한다. 금융감독원은 '라임자산운용 중간 현장검사 결과와 향후 대응방안'을 발표했다. 라임자산운용의 일부 임직원은 수백억 원 상당의 부당이득을 취했으며, 사기투자에 대한 피해 금액은 1조 원에 달한다. 금융감독원은 투자금 전액 반환을 권고했고 받아들이면서, 펀드 피해 사건 사상 최초 100% 배상의 선례를 만들었다.

④ 메르세데스 벤츠가 2019년 10월에 생산된 벤츠 E클래스와 CLS모델 30만여 대를 리콜하기로 결정했다. 리콜 사유는 '화재 위험'이다. 리콜 대상 차량 중 10만여 대는 독일에서 판매되었으나, 나머지는 다른 국에서 판매되었다고 한다.

기업 범죄혐의 보도나 품질 결함, 회계 부정행위, 그 밖에 최고경영자의 경영권 남용 등 부정적 보도와 함께 기술혁신 사례나 제품 품질에서 좋은 평가를 받는 기사들도 보도된다. 인명피해를 일으키는 갑작스러운 사고나 기업 임원들의 사기행각이나 갑질 행위 등 부도덕성을 폭로하는 기사들은 기업평판에 악영향을 줄 수 있다. 또한 소비자 여론조사 결과나 미디어 보도 해설 기사 등도 기업평판에 영향을 미친다.

평판을 관리하지 않으면 지속 가능한 번영은 없다

그러나 미국 기업평판도 조사 결과를 보면 미국 국민은 자국 경제나 세계 경제상황 외국과의 무역 충돌, 전쟁 환경 등 국내외의 다양한 위기상황에서도 여전히 미국 최대의 기업에 대한 신뢰를 저버리지 않음을 알 수 있다. 왜 그럴까?

최고의 기업들은 평판의 중요성과 평판을 시의적절하게 관리하는 방법을 알고 있는 것이다. 이는 기업이 어려운 시장환경을 이겨나가기 위한 필수 불가결한 자산이 평판이라는 것을 증명한다. 또한 소비자들로부터 호응을 얻고 절대적인 지지를 받는 최고의 기업은 고객 서비스와 품질에 대해서 확고한 선호도와 지지도를 얻고 있다.

한편 미디어 뉴스를 살펴보면 모든 뉴스가 나쁜 소식만 전달하는 것이 아니며, 신뢰와 존경에 도움이 되며 기업의 가치를 향상하는 뉴스도 전달하고 있음을 알아챌 수 있다.

미국의 대표적 평판 연구 기관도 소비자 패널 조사를 통하여 기업의 가치를 평가하는 평판 측정 모델에 관심을 기울인다. 소비자 인식에 관련한 기업 평판지수도 해리스 인터랙티브와 미국 평판연구소가 공동 개발했다. 그들은 기업의 평판 가치를 높이는 지수로서 소비자 인식에서 품질 서비스 이외에도 리더십과 감성 소구, 사회공헌 등도 강력한 명성과 평판을 끌어낸다는 것을 발견했다.

이미 밝혔듯이 기업의 평판은 소비자의 인식 외에도 미디어의 보도 태도와 시각에 따라 이해관계자와 연관돼 형성된다. 소비자와 미디어로부터 각각 획득한 두 집단의 평가 결과가 복합적으로 작용한다는 의미다.

미디어링크와 평판연구소는 미디어 분석보고(MRI) 결과와 소비자 여론조사 결과를 대표적으로 함께 연관지어 보여준다.

미국 평판연구소와 여론조사업체 해리스인터랙티브는 공동으로 기업평판에 대한 6가지 평가지수로 소비자 인식을 조사해 발표하고 있다. 측정항목은 감성적 매력, 제품과 서비스, 근무환경, 재무성, 비전과 리더십, 사회책임이다.

기업은 '고객이 갖기를 원하나 자기들은 만들 수 없는 것'을 파는 것이다. 꼭 갖고 싶거나 없어서는 안 되는 제품이나 서비스를 제공하는 'Only One', 'Number One' 기업이 시장을 지배한다. 좋은 제품을 만들면 좋은 기업이 될 수 있다. 그러나 국내에서 최고의 기업이 되려면 최고의 제품만으로는 부족하다. 회사 브랜드 자체가 신뢰를 얻어야 한다. 세계적인 기업이 되려면 제품이나 회사 브랜드를 넘어 '꿈'을 팔아야 하고 고객의 평판을 얻어야 한다.

앞으로 기업의 경쟁은 더욱 치열해질 것이다. 평판 관리는 어떻게 신뢰와 명성을 유지하며, 예고 없이 나타나는 위기를 벗어나야 하는가에 달려 있다. 이 책에서 소개하는 평판 관리에 적용되는 몇 가지 주요 법칙과 원칙을 준수하며 활용하는 것도 잊지 말아야 한다.

이 시대 최고의 기업으로 번영하기 위해서는 평판 관리 전략을 반드시 활용해야 한다. 평판 관리를 통해 '새로운 경쟁력'을 키우고, 리더십을 발휘하여 위기를 돌파하라.

기업 간 경쟁이 평판 전쟁의 양상으로 전개될 수밖에 없는 시대, 평판 관리는 미래를 보장하는 경쟁력의 토대이다. 평판에 근거하지 않은 성공은 일시적이며 결코 지속 성장을 장담하지 못한다. 기업의 미래전략은 평판 관리 경영에 답이 있다.

전체 평판이 좋은 기업은
내부평판이 좋다

"평판 관리는 각 조직의 존재나 번영보다
훨씬 더 많은 것들을 가져다준다."

구글이 '세계에서 가장 평판 좋은 기업 톱10'에 들지 못한 이유

글로벌 기업평판 전문 리서치 업체인 레퓨테이션 인스티튜트(Reputation Institute; 이후 RI)가 전 세계 15개국 8만여 명의 사람을 대상으로 기업의 평판에 대한 설문조사를 실시했다. 연간 실적 최소 20억 달러 이상의 153개 글로벌 기업을 대상으로 한 이 조사에 전 세계 15개 경제 대국 호주, 브라질, 캐나다, 중국, 프랑스, 독일, 인도, 이탈리아, 일본, 멕시코, 러시아, 한국, 스페인, 영국, 미국의 80,540명이 응답했다.

평판이 미래다

'세계에서 가장 평판 좋은 기업' 순위는 다음과 같다.

　　1위 레고

　　2위 월트디즈니컴퍼니

　　3위 롤렉스

　　4위 페라리

　　5위 마이크로소프트

　　6위 리바이스

　　7위 넷플릭스

　　8위 아디다스

　　9위 보쉬

　10위 인텔

덴마크의 장난감 회사 레고는 2017년부터 2020년까지 4년 연속 1위에 올랐다. 이 조사는 2011년 처음 시작되었는데, 당시 1, 2위를 차지했던 구글과 애플은 이제 톱 10에도 못 들어가는 신세가 됐다.

　구글은 2년 연속 10위 안에 들지 못했다. 구글은 직원들에게 고급스러운 식사를 제공하고 낮잠 시간을 배려하는 등 좋은 일터로 평판이 높지만, 한편으로 전 세계 주요 국가에서 '구글세'를 내야 한다는 논란을 불러일으키고 있다. 직원들은 조직 투명성에 의문을 제기하고 종종 회사 정책에 반발, 시위를 벌이기도 했다. 실제 2019년 11월 구글은 기밀 유지 정책을 위반했다는 이유로 4명을 해고했고, 그 결과 시위가 일어났다. 이런 일이 늘면서 호감도가 함께 추락했다.

RI는 혁신과 직원 교육에 대한 투자, 품질에 대한 초점이 좋은 평판을 유지하는 데 도움이 됐다는 설명과 함께 기업 내부 평판의 중요성을 강조했다.

좋은 평판을 가진 기업은 내부평판이 탄탄하다

영국 맨체스터 경영대학원(MBS)의 게리 데이비스(Gary Davis) 교수와 아일랜드 마이클 스머핏 경영대학원의 로사 전(Rosa Chun) 교수는 2010년 'Reputation gaps and the performance of service organizations'이라는 제목의 논문에서 회사를 바라보는 외부의 평판과 임직원이 자사를 평가하는 내부평판의 차이가 기업의 장래 매출에 미치는 영향을 연구했다.

이들은 백화점과 의류회사, 건설사, 은행 등 9개의 서비스기업(56개 점포 대상)을 조사 대상으로 삼고 고객과 내부 임직원에 대한 설문조사를 했다. 그리고 내부평판에서 외부평판을 차감한 값을 평판격차(reputation gap)라고 정의하고 두 평판의 차이가 발생한 후 1년이 지난 시점에 매장의 매출 변화를 살펴보았다.

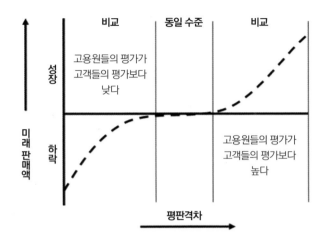

그 결과 종업원이 자사에 대해 매긴 점수가 고객이 해당 기업(매장)에 매긴 점수보다 더 높은, 즉 평판격차가 양(+)인 매장에서는 이듬해 매출이 평균 18% 증가하는 것으로 나타났다. 반대로 종업원이 매긴 자사에 대한 내부평판 점수가 고객이 매긴 외부평판 점수보다 낮은, 평판격차가 음(-)인 경우에는 이듬해 매출이 평균 18% 줄어들었다.

이는 기업 외부평판보다 내부평판이 더욱 중요하다는 것을 보여준다. 내부평판이 외부평판보다 더 좋아서 평판격차(gap)가 양(+)으로 나타나면 이듬해 해당 기업의 매출이 증가했지만, 음(-)이면 이듬해 매출이 줄어들었다. 이는 임직원들이 자신의 회사를 외부에서 보는 것보다 더 좋게 평가할수록 긍정적 평판격차가 발생해 향후 매출이 늘어난다는 사실을 보여준 것이다. 반면 임직원들의 자사에 대한 평가가 외부인이 평가하는 것보다 낮으면 부정적 평판격차가 발생하고 미래 매출이 줄어들었다. 물론, 서비스업에 해당하는 기업에 이런 경향성이 높을 수 있겠지만, 이것이 완전히 서비스업에만 해당하는 일일까? 그렇지 않다.

그렇다면 내부평판에 많은 영향을 미치는 요인은 무엇일까?

2019년 잡플래닛에서는 승진기회 및 가능성, 복지 및 급여, 업무와 삶의 균형, 사내문화, 경영진의 만족도라는 5개 영역 가운데 무엇이 총 만족도와 가장 상관관계가 높았는지 통계를 냈다. 다양한 요인 가운데 기업 만족도와 가장 관련이 깊은 요인은 단연 경영진의 만족도였다. 특히, 경영 승계를 하는 기업에서 회사 내부를 챙기지 않은 경우, 그 갭이 극명하게 드러나는 경우가 많다고 한다.

'직원이 먼저, 고객은 그다음(Employees First, Customers Second)'이라는 문구를 내세운 기업이 있다. 미국 동부에 100여 개의 지점을 둔 식료품 체인점 웨그먼스 푸드마켓(Wegmans Food Markets)이다.

CEO인 대니 웨그먼은 '당신이 대접받길 원하는 대로 다른 사람들을 대접하라'는 황금률을 경영에 적용했다. 직원들을 대우하는 차원에서 업계 평균보다 25% 많은 급여를 준다. 창립 이후 '정리해고는 없다'는 원칙을 고수하고 있다. 업무와 관련된 교육프로그램도 아낌없이 지원한다.

웨그먼스 푸드마켓은 1998년 이후 〈포춘〉지의 '일하기 좋은 100대 기업' 리스트에 항상 이름이 올랐고 평판 조사 평가에서도 언제나 상위를 차지하는 기업이다. 특히, 2015년 기업평판 조사에서는 아마존을 제치고 1위를 차지하기도 했다.

좋은 평판을 가진 기업은 내부평판도 탄탄하다. 반면 그렇지 않은 기업은 내부평판이 좋지 않다.

결국 전체적으로 좋은 평판을 유지하기 위해서는 바깥에 보이는 평판에만 신경 써서는 안 된다. 그것은 반쪽짜리 평판에 불과하다. 진정 탄탄하고 오래 지속될 기업평판을 구축하고 싶다면, 기업 내부에서 오가는 평판도 잡아야 한다.

조직의 평판을 만드는 '일체감'

모든 조직은 그와 같은 영역에서 경쟁하는 그룹에 대해 경쟁의식을 갖고 인간의 서열본능과 같이 선두의 자리를 차지하기 위해 경쟁하고 다툰다.

조직이 지속적으로 발전하기 위해서는 사회가 갖는 인식에도 신경을 써야 한다. 조직 출신의 한 사람이 어떤 사회적 영향력을 발휘하게 된다면, 그 조직은 더욱 발전할 것이며 제3, 제4의 추종자를 끌어모은다. 더 나아가 많은 후원자들의 기부나 조직의 재정적 지원을 받게 된다. 일반적으로 대중도 조직의 발전을 위하는 것에 더하여 사회적 영향을 미치는 활동가가 되기 위해 그 조직에 소속되기 원한다. 사회적 선두의 위치를 차지한 조직은 부수적으로 많은 지지자와 추종자가 생기며 구성원의 확대는 물론 재정환경도 좋아진다.

우리나라 거대조직 중에는 대중이 만든 소위 3대 마피아 집단이라고 일컫는 조직이 있다. 바로 '해병전우회', '호남향우회', '고대교우회'이다. 이들 조직의 출신들은 남다른 결속력과 연대로 사회 속에서 자신들이 배우고 익힌 조직문화의 기준과 원칙들을 고수하려는 특징을 나타낸다.

해병전우회는 전투에서는 물러서지 않고 결코 패전하지 않는다는 '무적 해병'의 신화를 신봉하고 '귀신 잡는 해병'으로 정신무장하고 빨간 명찰과 팔각모자 등의 이미지화를 통해 그들의 조직문화를 일체화한다.

고대교우회는 그들만의 교풍과 전통을 선배 집단으로부터 물려받으며 다시 후배들에게 전이된다. 그들의 내면에 '민족사학의 출발'이라는 배경과 함께 '자유', '정의', '진리'라는 건학 이념과 '지성과 야성' 이라는 조직 문화 이념을 지키려고 노력하며, 백수의 왕인 호랑이를 심벌로 삼고 '호랑이는 굶주려도 풀을 먹지 않는다.'라는 슬로건 등을 통해 일체화를 이어간다.

조직의 평판요소로 상징되는 조직의 일체감은 매우 중요하다. 이러한 일체감은 과거에 만든 신화적 요소를 수용하고 그 근원을 조직 내 문화형성에 두고 있다. 그 조직의 출신들은 사회적 동료로서 공동체 의식을 가지며, 조직문화의 영향력으로 특정한 문화적 성향을 나타내면서 결속하고 자부심과 연대 의식을 갖게 된다. 조직이 갖는 사회적 평판은 그 조직의 지속 발전에 절대적 영향을 미치며 부정적 평판은 조직의 패망을 이끈다. 조직의 평판도는 그 조직이 지향하는 사회적 가치 공헌과 조직의 활동영역 사업 비전에 따라 측정되며 평판요소로 관리되고 평가된다.

모든 조직의 평판도는 대중과의 소통과 사회적 참여와 가치 창출로 재구성된다. 조직들은 내부 이해관계자의 평판 플랫폼 개발과 함께 외부 이해관계자와의 이미지 구축에도 힘쓰며 평판 관리를 지속해야 한다.

"주도적인 노력으로
스스로의 인생을 고결하게 하는 인간의 불가사의한 능력보다
더욱 고무적인 것은 없다."

- 헨리 데이비드 소로 (미국의 시인)

Reputaion Key Point PART 1

평판 관리는 100년을 보장하는 최고의 경영이다

기업경영자가 성공 신화를 쓰기 위한 최우선 고려사항은 무엇일까?

– 평판은 개인과 기업의 최대 생존수단이다

기업 간 경쟁이 평판 전쟁으로 전개될 수밖에 없는 시대, 최고의 기업들은 평판의 중요성과 평판을 시의적절하게 관리하는 방법을 알고 있다. 이 사실은 평판이 '기업이 어려운 시장환경을 이겨나가기 위해 갖춰야 할 필수불가결한 자산'이라는 것을 증명한다.

평판이란 무엇인가?

1. 평판은 인지와 신뢰다. (평판에 대한 가장 오래된 정의)

2. 평판은 커뮤니케이션 후광효과다.

3. 평판은 기업 속성에 대한 장기적 평가이다.

4. 평판은 이해관계자가 가지는 지각의 총체적 매력이다.

5. 평판은 브랜드와 이해관계자의 관계를 포함한 사회적 정의이다.

   (가장 광범위하게 평판을 설명하는 관점)

좋은 평판을 얻는 3가지 핵심 전략

첫 번째, 평판지수를 점검하라

두 번째, 평판 플랫폼을 이용하라

세 번째, 네트워크로 연결하라

평판을 관리하지 않으면 지속가능한 번영은 없다

평판지수를 점검하고 관리하라. 최고경영자가 현장에서 직면하는 수많은 경영관리 난제 중에서 간과할 수 없는 과제 한 가지를 우선해서 고려해야 한다면 그것은 바로 평판관리일 것이다. 평판에 근거하지 않은 성공은 일시적이며, 결코 지속 성장을 장담하지 못한다.

언론 보도에는 국내외를 막론하고 기업평판과 관련된 기사가 숱하게 많다. 기업 범죄혐의 보도나 품질 결함, 회계 부정행위, 최고경영자의 경영권 남용 등 부정적 보도가 많다. 그러나 그와 함께 함께 기술혁신 사례 등 좋은 평가를 받는 기사들도 있다. 평판은 소비자의 인식 이외에도 미디어의 보도 태도와 시각에 따라서도 형성된다. 그러나 전체적으로 좋은 평판을 유지하기 위해서는 바깥으로 보이는 평판만 신경 써서는 안 된다. 그것은 반쪽짜리 평판에 불과하다. 때로는 기업 외부평판보다 내부평판이 더욱 중요하다.

기업의 미래전략의 답은 평판 관리에 있다.

"기업평판은 오랜 시간에 걸쳐 이루어진 조직에 대한 지각으로, 기업이 무엇을 어떻게 하고 있는가에 초점이 맞추어져 있다."

– 존 M.T. 발머 (브루넬대학교 경영대학 교수)

PART 2

평판 관리는
기업의
목숨과 같다

Reputation ──────────────────────

"우리가 소비자에게 진정한 만족을 줄 수 있을 때

이익은 자연히 따라온다."

– 존 영 ('HP'의 전 CEO)

01

소셜 임팩트 :
기업은 사회와 함께 성장해야 한다

"기업은 사회적 공헌과 사회적 가치에 중심을 두고
소셜 임팩트에 치중할 때 좋은 평판을 얻는다."

사회적 공헌, 소셜 임팩트에 집중하라

'좋은 평판이 더 나은 기업 발전을 가져온다'는 전제는 이제 가설을 넘어 과학적 결과로 증명되고 있다.

한국경제신문은 글로벌 시장조사업체인 입소스, 한국 최대 온라인 패널조사회사 피앰아이와 공동으로 '2019 한경-입소스-피앰아이 기업 소셜 임팩트 조사(CSIS)'를 실시했다. 가전, 자동차, 통신, 금융, 유통 등 50개 분야의 상품과 서비스를 대상으로 이루어진 조사로, 소셜 임팩트란 지속 가능한 발전을 목표로 개인, 조직, 기업, 국가 등이 사회에 미치는 긍정적인 영향이나 평판을 의미한다. 기업의 사회적 활동이 브랜드 가치에 미친 영향을 살펴본 국내 첫 조사다.

조사 결과 가전 분야에서는 LG의 소셜 임팩트가 경쟁사 브랜드를 크게 앞섰다. 라면 시장에서는 점유율 2위인 오뚜기 진라면이 1위에 올랐다.

이 조사에서 응답자의 82.8%가 기업의 평판이 구매에 영향을 끼친다고 답했다. 이는 소비자들이 제품을 선택할 때, 제품의 기능이나 가격만 고려하는 것이 아니라 기업평판도 주요하게 고려한다는 것을 나타낸다.

소비자는 기업과 브랜드가 사회를 위해 무엇을 하는지 따지기 시작했고, 그 결과가 소비에도 반영되고 있는 것이다. 향후 시장 점유율도 의미 있게 변화할 것이라고 예상된다.

평판 관리 경영은 단순히 경영실적과 성과 창출에만 치중한 '이름 있는 기업'으로 평가받는 것에 그치는 것이 아니다. '윤리적 기업'이나 '존경받는 기업', 나아가 '신뢰할 수 있는 기업'으로 평판을 쌓아야 한다.

긍정적 이슈보다 부정적 이슈가 더 주목받는다!

2019년 5월, 구본무 LG그룹 회장이 별세했다. 그런데 한국 사회의 반기업 정서와는 다른 분위기가 형성됐다. SNS에서 추모 열기가 이어진 것이다. 사람들은 고인의 소탈한 삶, 기부 활동에 대해 퍼트렸고, LG그룹 창업자들이 독립운동 자금을 댔다는 과거 행적까지 주목하기 시작했다. 별세한 회장의 삶과 과거 LG그룹의 행보가 LG 브랜드 자체를 재평가하도록 만든 것이다.

인간의 오랜 숙원은 동서고금을 통틀어 무병장수이듯이 기업 또한 지속 가능한 발전에 경영의 초점을 두고 있다. 법인들의 평균 수명이 15년을 넘기기 어려운 시대에 장수기업들의 가장 큰 특징은 평판이라는 든든한 지지 기반이 있다는 것이다.

많은 기업들이 '사회적 가치'를 실천하겠다며 착한 기업 이미지 만들기 작업을 이어가고 있다. 하지만 좋은 이미지로 기업평판을 만드는 것과 달리 부정적 이미지로 나쁜 평판을 쌓아가는 기업도 생기기 마련이다.

나쁜 평판 쌓기의 대표적 사례는 신뢰를 잃는 것이다. 신뢰는 은행계좌와 같다. 예금처럼 쌓아갈 수도 있고 인출할 수 있으며 잔고도 남아 있다. 기업이나 조직도 신용계좌에 든든한 잔고를 보유할 수 있겠지만 마이너스 잔고를 가진 기업도 발생한다. 신뢰를 받지 못하는 것도 문제지만 가진 신뢰를 잃어버린다는 것은 더욱 끔찍하다. 사람들도 신용계좌가 마이너스인 사람을 믿지 않는다. 심지어 피해다닐 뿐 아니라 중요한 정보도 나눠 갖지 않는다. 나쁜 신뢰를 얻은 기업의 브랜드는 과소평가되고, 신빙성은 끊임없이 도전받는다. 한 번 잃어버린 진실성은 충성심마저 빼앗아가버린다.

기업과 브랜드 평판에 가장 큰 영향을 미치는 것은 무엇일까?

앞의 조사에서 눈에 띄는 결과가 있다. 소비자가 긍정적 이슈보다는 부정적 이슈에 더 민감하게 반응한다는 것이다. 브랜드 평판에 큰 영향을 끼치는 요소는 부패와 비리, 사회 윤리에 반하는 행위, 불공정거래행위, 성희롱 및 성차별 등이었다.

BMW는 한때 국내에서 가장 평판이 좋은 브랜드였다. 그러나 지난 2018년 잇달아 일어난 화재 사고 때문에, 지금까지 쌓은 평판이 바닥으로 떨어졌다.

기업이 수행하는 제품 출시부터 임직원들의 행동까지 모든 활동의 마지막에는 평판이 자리잡고 있다. 평판을 쌓는 데는 오랜 시간과 노력이 필요하지만 허물어지는 것은 순식간이다.

기업은 사회의 문제를 해결하며 함께 성장해야 한다

사회적 책임경영은 이제 자본주의 기업경영의 대세가 되고 있다. 2000년대에 접어들어 미국의 500대 글로벌 기업 대다수가 독립적 부서를 만들어 사회적 책임 경영을 관리하고 있다. 세계적인 투자회사 블랙록의 최고 경영자(CEO) 래리 핑크는 그가 투자하는 회사들에 보낸 신년 메시지에서 기후변화라는 지구 환경 문제의 해결과 이에 대한 국제 사회의 협력에 기여하는 책임경영을 강조했다. 단기적 수익성에만 몰입하기보다는 회사를 둘러싼 사회의 변화와 이에 대한 책임이 기업의 지속 가능성에도 영향을 미친다는 신념이 잘 드러나 있다.

'기업은 사회의 문제를 해결하며 함께 성장해야 한다.'

핵심은 이것이다. 즉 기업은 사회적 공헌과 사회적 가치에 중심을 두고 소셜 임팩트에 치중할 때 좋은 평판을 얻는다. 소셜 임팩트는 국가·기업·개인의 행위가 사회에 미치는 '긍정적인 영향'을 말한다. 세계경제포럼(WEF)은 소셜 임팩트의 목표로 지속가능한 발전을 위한 '사회 개선'을 제시하고 있다.

2000년 9월 미국 뉴욕 유엔본부에 189개국 정상이 모였다. 새로운 천년, 무엇을 할 것인가를 논의했다. 만장일치로 내놓은 '새천년 개발 목표'로 지속 가능한 환경 보장, 성평등과 여성 자력화 촉진 등 8가지 목표를 위해 노력하기로 합의했다. 이후 기업의 사회적 책임은 경영의 화두가 됐다. 기업들은 사회 전체의 이익에 기여해야 한다는 인식을 갖기 시작했다.

이 정상회의가 열린 지 약 20년이 흘렀다. 이후 사회공헌은 공유가치창출(CSV), 소셜 임팩트 등 새로운 단어로 대체됐다.

기업의 성과창출과 위기를 극복하기 위해서 평판 관리라는 경영의 화두가 무엇보다 중요해졌다. 지금까지 변함없는 기업의 과제는 오직 '소비자들의 마음을 어떻게 사로잡을 수 있을까?'였다. 하지만 다양한 이해관계자의 관점에서 외부는 물론 내부직원, 그 외에도 투자자나 협력업체, 나아가 정부나 언론의 시각에서도 기업의 모습도 중요해졌다.

이제 기업은 변화 없이 머물 수 없으며, 변화의 관점을 다양한 이해관계자와의 관계구축과 평판 관리로 모아야 한다. 평판 관리에서는 기업의 브랜드 인지도와 함께 만족도는 물론 호감도와 지지도 등 다양한 평판 척도가 등장하며 이들의 순위에서 앞서가는 전략이 필요하다.

언론이 주관하는 다양한 평가에서 어떤 랭킹을 얻었는지 확인해보면, 지금 우리 기업의 평판이 어느 위치에 자리잡고 있는지 확인할 수 있다.

기업이 주요 이해관계자들에게 회사나 브랜드 평가의 순위 결과와 자사 랭킹의 평판에 대해 토론할 수 있는 장을 마련하는 것은 이제 회사의 평판 관리 경영의 필수 항목이 되었다.

이제는 기업도 평판이 '보이지 않는 힘'이라는 사실을 자각하고 명성 관리는 물론이고 위기 관리의 근원으로서 평판 관리의 새로운 전략을 반드시 모색해야만 한다. 미래에는 '사회적 공헌'과 '사회적 가치'를 잘 담아내는 기업만이 살아남을 수 있다.

어떻게 평판을 만드는가?

"답은 하나다. 바로 평판 관리를 시작해야 한다."

평판 관리의 현실적 주제 - 명성과 위기

평판 관리에서 현실적 주제는 명성과 위기의 2가지 주제로 나뉜다. 평판, 더 나아가 평판 관리에 대한 실체적 접근을 위해서는 새로운 명성의 창조냐, 손실된 명성의 회복이냐, 2가지 관점에서 방향을 정하고 출발해야 한다.

다시 말해, 기업평판의 경우 커뮤니케이션 전략을 수립하기 위해서 평소 상황에는 명성관리 전략을, 위기상황에는 위기 관리 전략이 필요하다. 이것

평판이 미래다

이 바로 우리가 평판 관리에서 다루고자 하는 2가지 중심 테마이다.

평판 관리를 연구하는 학자에 따라 평판과 명성을 일종의 동의어로 사용하는 경우도 있지만 이 책에서는 명성을 위기와 함께 평판의 하위 개념으로 다루고자 한다.

평판 관리의 접근 전략 모델 3가지

1. **다울링의 모델 :**
   기업 정체성 – 기업 이미지 – 기업 명성(평판) – 기업 슈퍼브랜드
2. **반 리엘·폼브런의 모델 :**
   정체성 군집 – 명성 군집 – 커뮤니케이션 관리
3. **폼브런의 모델 :** 컨텍스트 – 전략 – 정체성 – 명성 – 지지 – 성과

무형자산으로서 기업평판에 관한 연구는 다양한 학문 분야에서 서로 다른 관점하에 다양하게 이루어지고 있다. 평판 관리는 경영학과 마케팅의 일부로, PR과 커뮤니케이션학의 관점에서 평판 개념과 평판 형성 모델을 다루고 있다.

특히 커뮤니케이션 관점에서는 평판 형성 과정에서 다양한 이해관계자와 기업의 상호작용적 커뮤니케이션을 통해 아이덴티티를 공유하고 이미지와 평판을 형성해가는 과정을 중시한다.

이 책에서는 그중에서도 다울링, 반리엘과 폼브런 등의 학자와 3개의 평판 모델을 소개하고자 한다.

다울링의 기업평판 형성 모델

다울링(Dowling)은 경영전략으로서 평판 관리 관점에서 기업 정체성과 기업 이미지, 기업평판의 관련성을 논의했다. 그는 기업 이미지란 기업에 대한 인식, 회상, 기업이 무엇을 하는지를 아는 것과 관련된 것이며 기업의 상품이나 서비스를 구매하려는 의도를 창출할 수 있지만, 고객에 대한 최고의 상품과 서비스 제공자, 직원에 대한 최고의 업무장소, 최고의 비즈니스 파트너 등과 같은 기업에 대한 긍정적, 평가적 연상이나 인식은 기업평판으로 대표된다고 주장한다. (차희원, 『기업 명성과 커뮤니케이션』, 2015)

다울링은 평판과 관련된 유사개념에 대해 다음과 같이 정의했다.

• **기업 정체성** : 사람들에게 조직 자신을 확인시키기 위해 사용하는 심벌

과 조직적 명명법 – 기업 이름이나 로고, 광고, 슬로건, 작업

복 등

- **기업 이미지 :** 전체적인 평가 – 사람들이 회사에 대해 가진 넓은 의미의

평가, 느낌이나 믿음

- **기업 명성**(평판) **:** 추정되는 가치 – 확신, 정직, 책임감, 신뢰와 같은 것으로

기업 이미지로부터 환기된 것

- **기업 슈퍼브랜드 :** 기업평판으로부터 생긴 사람들의 지지, 확신과 신뢰

다울링에 따르면 잘 만들어진 기업의 정체성은 사람들에게 기업의 특징과

상징물을 연결할 수 있으며, 이러한 기업의 정체성은 사람들이 기업에 대해

갖고 있는 이미지를 상기시키도록 돕는다는 것이다.

기업 이미지는 논리적인 요소와 감성적인 요소로 구성되며, 사람들은 이

러한 2가지 요소를 통해 기업 이미지를 형성하게 된다. 기업에 대한 신념이나

감정이 기업의 행동에 대한 사람들의 가치와 일치한다면 그들은 기업에 대

한 좋은 평판을 형성하게 된다. 이는 내부, 외부, 공중 모두에게 해당한다. 좋

은 평판은 결국 소비자의 가치 시스템과 기업 이미지의 완벽한 적합도를 보

여준다.

다울링에 따르면, 기업 이미지와 평판, 이 둘을 분리하는 것이 중요하다. 실

무적으로 좋은 평판을 위한 단계는 우선 회사가 이상적이라고 생각하는 이

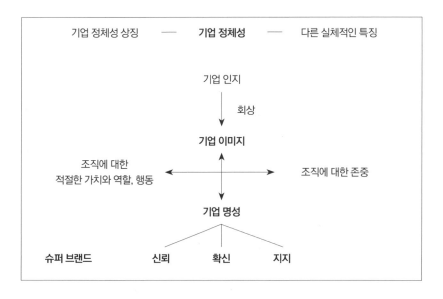

[기업 정체성, 이미지, 성과 : 기업평판 구축]

(출처 : Dowling. G. R(2001) Creating corporate reputation: identity, image, and performance.
NY: Oxford University Press, P20)

미지를 만들고, 그다음에 이를 중요한 핵심 공중의 가치와 연결하는 것이다. 사람들은 가치를 바꿀 수 없다면 그들의 기업에 대한 인식을 바꿀 수 있을 것이다.(Dowling, 2001)

다울링이 제시하는 다른 모델을 살펴보자. 다양한 학문적 이론에 기반하여 종합적으로 제시된 기업평판 형성 모델이다. 이 모델에서는 사람들이 조직과의 관계와 조직에 대한 지식(조직의 특성과 능력, 제품/서비스, 행동)에 근거하여 조직에 대한 그들의 신념을 형성한다고 주장한다. 조직에 대한 지식은 조

평판이 미래다

직과의 개인적인 관계, 조직의 과거 행동 및 다른 사람들의 의견에 근거한다.

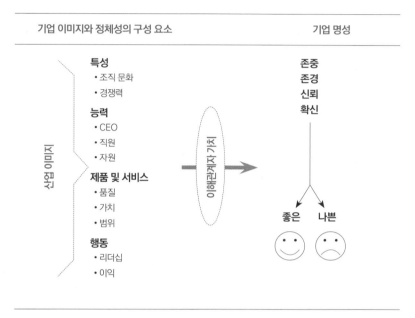

기업 이미지와 정체성의 구성 요소　　　　　　　기업 명성

특성
• 조직 문화
• 경쟁력

능력
• CEO
• 직원
• 자원

제품 및 서비스
• 품질
• 가치
• 범위

행동
• 리더십
• 이익

산업 이미지

이해관계자 가치

존중
존경
신뢰
확신

좋은　　나쁜

[기업명성 형성 모델]

출처 : Dowling. G. R(2004) Corporate reputations: Shoud you compete on yours?,
Califonia Management Review, 46(3). P21.

그림의 화살표는 '기업 이미지의 지각적 구성개념'과 '기업 명성의 감정적 구성개념'을 연결하며, 기업 명성의 관계적 측면을 반영한다. 즉 좋은 명성을 가진 기업은 개개인의 가치에 적합한 이미지를 가지며, 그것이 관련이 있을 때만 좋은 관계를 증진한다.

시간이 지나면서 조직에 대하여 지속해서 배운 것(what is learned)과 받아들인 것 또는 거부된 것(accepted or rejected)은 조직의 좋은 것과 나쁜 것에 대한 강력한 신념이 된다.

앞의 그림 우측 그림은 좋은 명성이 가치 있다는 것을 보여주는데, 이는 이런 좋은 명성이 개인이 '이 조직과 함께하는 것(주식을 구매하는 것, 조직에서 일하는 것, 조직의 제품과 서비스 구매하는 것, 위기에도 불매운동을 하지 않는 것 등)은 안전하다'고 느낄 수 있도록 조직에 대한 신뢰와 확신을 강화하기 때문이다.

이러한 다울링의 명성 형성 모델은 경영 전략적 관점에서 이해관계자 이론을 기반으로 하므로 기업을 구성하고 있는 다양한 속성과 명성의 관계에서 이해관계자들의 가치가 매우 중요함을 보여준다.

반리엘과 폼브런의 기업 커뮤니케이션 경영모델

반 리엘(van Riel, 2003)은 기업 커뮤니케이션 관점에 따라 기업 경영에서 커뮤니케이션 요소를 핵심 변수로 보며, 기업 경영을 위한 질문을 크게 3가지로 분류한다.

첫째, 정체성 군집(identity cluster)에 대한 질문
어떻게 조직 정체성이 결정되는가? 조직 성과에 대한 정체성의 각 구성 요소들의 영향은 어떠한가? 정체성은 단일, 또는 복수의 개념인가?

둘째, 명성 군집(reputation cluster)에 대한 질문

어떻게 조직 명성이 결정되는가? 조직 성과에 대한 명성의 각 구성 요소들의 영향은 어떠한가? 조직의 긍정적·부정적 명성에 가장 큰 영향을 미치는 요소는 무엇인가?

셋째, 커뮤니케이션 관리(management of communication)에 대한 질문

조직이 사용하는 서로 다른 커뮤니케이션 유형들을 조화시키는 것이 왜 중요한가? 조직은 커뮤니케이션, 상징, 조직 구성원들의 행동을 어떻게 일관된 방식으로 조정할 수 있는가? 지속 가능한 기업 이야기(Sustainable Corporate Story)는 기업 커뮤니케이션의 일관성을 어떻게 높일 수 있는가?

다음 그림은 앞 질문들의 상호관계성을 나타낸다. 조직의 내적 정체성과 외부 환경(경쟁환경, 명성 등)은 상호 작용하며 다양한 정체성 혼합 전략과 관리를 결정하게 된다. 이는 다시 지속 가능한 기업 스토리의 생성과 완성, 적용을 통해 외부에 전달하게 된다. 그리고 이러한 것들은 기업 커뮤니케이션 관리를 통해 이루어지고 실행과 평가를 거쳐 다시 조직 정체성과 명성에 영향을 미치게 된다. (차희원, 『기업 명성과 커뮤니케이션』, 2015 재인용)

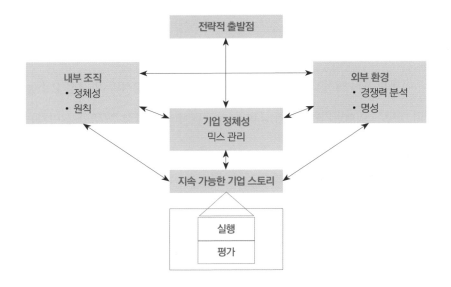

[기업 커뮤니케이션 연구의 4가지 핵심주제 간의 일관성]

출처 ; Van Riel, C. B. M. (2003), The management of corporate communication, in Balmer,
J. M. T., & Greyser, S. A. (Eds,) Revealing the corporation :
perspectives on identity, image,reputation, corporate branding, and corporate – level marketing,
Routledge. p.166.

반 리엘과 폼브런(van Riel & Fombrun, 2007)은, 기업 명성에서는 역시 기업 커뮤니케이션이 가장 중요한 요소라고 주장하고 있다. 그들은 기업 커뮤니케이션과 명성이 비즈니스와 어떻게 연결되는지 그 연결점을 다음 그림을 통해 설명하고 있다.

평판이 미래다

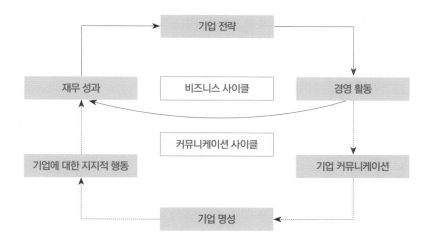

[커뮤니케이션 및 명성과 비즈니스의 연결]

출처 : van Riel, C. B. M. & Fombrun, C. J. (2007) Essentials of corporate communication :
implementing practices for effective reputation. Routledge. p.60.

위 그림은 기업의 전략적 목표와 기업 커뮤니케이션, 명성, 재무적 성과의
연관성에 대한 기본틀을 제공한다. 이 프레임워크에 나타나는 2가지 사이클
은 상호 보완적이다.

비즈니스 사이클은 조직의 사업 활동에 대한 기업 전략에 근거하며, 이것
이 성공적으로 시행되면 재무적 성과를 거둘 수 있다. 이를 효과적으로 수행
하기 위해서는 비즈니스 사이클에 기업 명성 구축을 위한 커뮤니케이션 사

이클이 필요하다 이것을 성공적으로 수행하면, 기업 커뮤니케이션은 이해관계자들과의 동질화(identification)를 유도하며 그들의 지지적 행동을 얻게 된다.

폼브런의 통합적 기업 명성 모델

폼브런(Fombrun, 2012)은 7개 이론을 기반으로 해 명성(평판) 개념을 통합하고 선행/결과 변수를 고찰하여 통합적인 명성(평판) 모델을 제시했다. 폼브런 이전에 기업 커뮤니케이션에 대한 여러 문헌은 브랜드, 정체성, 이미지, 명성, 성과의 관련성을 제시하고 있지만, 이들 개념이 어떻게 연관되었는지 설명하는 통합적 프레임워크는 제시된 바가 없었다.

폼브런은 기업 명성과 선행 변수, 결과를 검토하는 단일 프레임워크를 제시했다. 그림에서는 먼저, 기업에 대한 이해관계자 인식을 이끌어내는 제도적인 또는 맥락적 요인을 제시한다.

다음으로는 이해관계자 인식이 기업 명성을 만들어내고, 경제적, 사회적, 조직적 신뢰를 얻어낼 수 있는 이해관계자의 충성도와 지지를 이끌어낸다. 이러한 일련의 인과 관계는 사회적 네트워크와 커뮤니케이션 흐름 속에서 더 체계적이고 복합적인 평판 관리의 기본틀을 제공하고 있다.

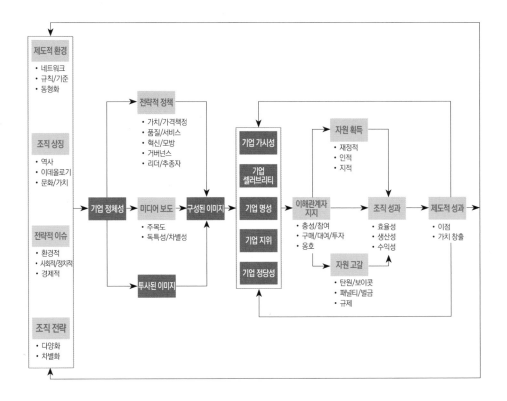

[기업 명성 연구의 프레임워크]

출처: Foombrun, C. J. (2012) The Building Blocks of Corporate reputation :
definitions, antecedects, consequences. in Barnett, M. L. & Pollock, T. G. (Eds,)
The Oxford handbook of corporate reputation. Oxford University Press, p.106.

　　폼브런은 이해관계자 이론, 신호이론/인상이론, 의제 설정 이론부터, 전략
적 포지셔닝, 정체성 개발, 전략적 신호, 미디어 영향력과 다양한 관점의 이론
들을 통합하여 컨텍스트-전략-정체성-명성-지지-성과라는 인과적 연속성
을 모델링해 어떤 영역에서 어떤 이론들이 작동하고 유용한지 파악할 수 있

도록 통합적인 모델을 제시했다.

특히 명성의 선행 변수와 결과 변수들을 분리하여 기존 모델에서는 다소 혼재된 구성 요인들을 일목요연하게 정리했다. 선행 변수로서 제도 이론과 경영이론, 정체성 이론을 모두 제시하면서 이것이 다양한 이미지(조직, 미디어, 이해관계자의 투사 이미지)와 어떻게 연결되어 명성(평판)으로 귀결되는지 종합적으로 볼 수 있도록 모델화했다. (차희원, 『기업 명성과 커뮤니케이션』, 2015 재인용)

평판 관리의 기능은 기업이 당면한 문제에 대한 카운슬링부터 경영 매니지먼트 역할까지 확대되었다. 평판 관리에서는 위기가 발생한 후 문제를 해결하기보다는 사전에 쟁점을 모니터링하고, 문제를 예측하고, 이에 대비하는 것이 더 중요하다. 문제 해결 능력도 중요하다. 다양한 이해관계자와의 문제를 해결함으로써 위기나 갈등을 피해야 한다.

당신이 만약 어떤 목표의 달성이나 성공을 꿈꾼다면 무엇을 준비해야 할까? 답은 하나다. 바로 평판 관리를 시작해야 한다.

소셜 시대의 기업이
온라인 평판을 관리하는 법

"구글 검색을 했을 때 보이는 우리 기업의 이미지는 어떨까?"

이제 평판은 누구나 볼 수 있고, 어디서든지 생성된다

『평판 경제』의 저자 마이클 퍼틱은 다음과 같이 우리의 디지털 경제 세계의 미래를 예견하고 진단한다.

"머지않아 기업들은 방대한 양의 수집데이터를 통해 알아낸 한 개인의 업무능력과 경제력, 건강에 이르기까지 거의 모든 것에 관한 평판을 참고해 평판 점수를 매기게 될 것이다. 인터넷 검색 엔진으로 정보를 검색하듯이 '평판

엔진'을 사용해 당신의 디지털 흔적을 검색하고 온라인은 물론, 오프라인에서의 활동과 상호작용에 대한 자료를 확보할 것이다."

평판의 힘은 나날이 강력해지고 있다. 평판은 과거와 현재 언제나 중요하게 여겨졌다. 평판은 미래 세상에서도 한 단계 더 나아가 우리의 기회와 선택에 엄청난 영향을 끼치게 될 것이다.

그 이유는 무엇인가? 지금의 세상은 무한한 데이터와 개인정보를 1TB 디스크드라이브 하나에 저장할 수 있으며 전 세계 어디서나 공유하고 퍼나를 수 있게 됐다. 이제 디지털 데이터의 모든 정보는 수집되고 저장된다. 새로운 디지털 빅데이터 시대는 막대한 데이터를 분석해, 결과를 예측하고, 행동하고 실천하는 새로운 시스템인 '거대분석'에 의존한다.

평판은 이제 당신에게 누가 말을 걸지, 그들이 당신과 함께 또는 당신을 위해 무엇을 할지를 결정한다. 평판은 또 은행이 당신에게 주택담보대출을 해줄지 결정하고, 기업은 당신을 고용할지를 결정하며, 당신이 알 수 없는 누군가의 관심을 끌어 데이트를 할 수 있을지 없을지도 결정한다. 정부 기관은 당신이 선량한 시민인지, 세금 체납자 혹은 범죄 용의자로 볼 것인지 판단할 것이다.

평판이 미래다

얼마 전까지만 해도 우리의 평판은 가까운 사람들 사이에서 서서히 형성 됐고, 시간이 지나면 자연스럽게 소멸했다. 대부분의 사람은 비교적 한정된 인맥 내에서만 살아갔으며, 평판은 오로지 가까운 사람들의 기억 속에만 존 재하는 것이었다. 하지만 첨단 디지털 기술이 만연한 요즘에는 당신의 네트 워크도 한없이 넓어졌으며 6단계만 연결하면 지구상의 누구와도 연결될 수 있게 됐다.

기업 온라인 평판 관리를 위한 이슈는 무엇인가

기업평판은 가장 중요한 자산이다. 평판이 하락하면 고객과 매출, 직원과 파트너를 잃을 수 있다. 누구나 아는 사실이다. 그러나 반복해서 강조할 가치 가 있다. 그런데 온라인 평판에는 제대로 관심을 기울이지 않는 기업들이 넘 쳐난다. 구글 검색을 했을 때 보이는 우리 기업의 이미지는 어떨까?

온라인 평판 관리 전문가들은 기업 브랜드를 보호하기 위해 사전대책을 수립해 이행하고, 적절하게 최적화하고, 정기적으로 검색 결과를 모니터하 고, 부정적인 무언가가 돌출되면 즉시 행동에 나서고, 무엇보다 결과에 현실 적인 태도와 행동을 유지하는 것이 아주 중요하다고 강조하고 있다.

소셜 시대의 기업이 온라인 평판을 관리하는 방법을 알아본다.

온라인 평판 관리의 시작은 검색과 모니터링이다

온라인 평판을 개선하기 위해서는 검색 결과를 모니터링해야 한다. 반드시 기업의 웹사이트가 상위에 노출될 필요는 없다. 다만 소비자들의 긍정적인 리뷰와 코멘트, 이미지와 정보가 부정적인 것들보다 잘 노출되는 것이 중요하다.

먼저 여러 가지 단어를 사용하여 검색해보자. 기업의 이름이나 대표 상품 혹은 서비스를 섞어서 검색해보고, 긍정적인 키워드, 부정적인 키워드도 검색해본다.

예를 들어 『평판이 미래다』라는 책에 대해서라면 다음과 같이 검색할 수 있다.

평판이 미래다
평판이 미래다 내용
평판이 미래다 리뷰
평판이 미래다 엉망
평판이 미래다 추천

명성과 신뢰는 미디어가 만들고, 미디어가 파괴한다

미디어는 결국 메시지의 전달 통로이자 미디어의 이용 효과를 주는 그릇과 같다. 미디어에 대한 적극적인 이용과 커뮤니케이션은 이제 삶의 행복과 기업성취의 기본이다. 매스미디어에서 쏟아지는 정보와 뉴스는 내 삶의 근간이 되고, 나의 현실을 업(up)시키거나 다운(down)시킬 수 있다. 미디어를 활용하는 평판 관리 커뮤니케이션이 필요한 이유이다.

우리의 명성은 미디어를 통해 쌓인다. 그리고 그 명성은 미디어를 통해서 순식간에 잃어버릴 수도 있다. 그리고 우리 개인이나 기업에 대해서 미디어는 신용과 신뢰를 만들기도 하고 믿음과 존경을 일으키게 한다. 그리고 더욱 친숙하게 하기도 하고 호감을 얻게도 할 수 있다.

미디어가 제공하는 기사 정보와 기업이 실행하는 광고, PR캠페인은 기업의 평판자본을 쌓아가는 견인차 구실을 한다. 개인 혹은 기업에 대해서 기자들이 얼마나 긍정적이고 호감을 가진 기사를 제공하는지, 혹은 사고나 문제점과 같은 비판적 기사를 제공하는지는 미디어의 주관에 따라 변한다. 그리고 스스로 제공하는 기업 캠페인에 대해서 수용자가 얼마나 주목하고 공감할 수 있는지도 평판 커뮤니케이션이 다루는 주 관심사이다.

미디어의 콘텐츠는 그 내용을 2종류로 나눌 수 있다. 그 내용은 바로 순수 정보와 광고이다. 광고를 보면 기업의 전략이 보인다. 뉴스 기사를 보면 기업의 현재와 미래, 그 기업의 이미지가 지금 어떤지 느낄 수 있다. 수많은 기업이 저마다의 방식으로 광고와 PR을 시행하고 있다. 그 속에서 소비자들은 어떤 생각을 할까? 모든 광고와 PR 기사를 다 유용하고 좋은 정보로 받아들일까? 아니면 그저 그런 흥정성 멘트로 들을까? 그런 와중에 우리는 정말로 필요한 정보를 놓치고 있는 건 아닐까!

그리고 다양한 미디어가 생산하는 뉴스들은 우리 기업과 기업의 제품과 서비스에 얼마나 호의적인가 아니면 부정적이거나 중립적인가, 더 나아가 얼마나 더 적극적인가, 혹은 배타적인가? 미디어가 만드는 뉴스 메시지와 언론의 퍼블리시티 PR 홍보 기사가 얼마나 우리의 이해관계자들을 자극하고 영향을 주며, 관계를 좋게 하고, 신뢰를 쌓도록 도움을 줄 것인가? 우리의 명성과 신뢰는 미디어가 만들고, 미디어가 파괴한다.

미디어와 미디어 평판지수(MRI)를 활용하라

미디어 평판지수가 우리의 미래를 예측할 수 있게 할 것이다. 미디어 평판지수는 미디어의 아젠다 세팅에 대한 관심도와 방향성, 소통량으로 구성되며, 광고주의 PR 이슈와 침투율, 소비자의 참여도, 호응도에 따라 측정되는

평판이 미래다

커뮤니케이션 지수이다. 즉 미디어의 '아젠다 커뮤니케이션 지수'와 광고주의 'PR 커뮤니케이션 지수'로 구분하여 측정할 수 있다.

미디어가 다루는 콘텐츠, 즉 기사의 내용이 중요하다면, 그것을 어떻게 구성해야 할지, 혹은 기업의 광고 캠페인이 얼마나 영향을 미치는지 알아보아야 한다.

우리는 미디어에 노출되는 기업의 호감과 반응을 미디어의 평판지수(Media Reputation Index)로 알아볼 수 있다. 미디어와 미디어평판 커뮤니케이션 지수와의 일반적인 관계이다.

평판은 무엇으로 만들어지는가? 평판을 만드는 수단과 도구로 1차 주역은 미디어이다. 평판은 커뮤니케이션 활동은 미디어를 통한 정보제공, 광고와 PR 등으로 이루어진다.

개인 기업 조직 브랜드의 평판은 미디어의 노출을 통하여 가장 크게 달성되고, 확대될 수 있다. 미디어 송신자의 아젠다 세팅, 미디어 편집과 제작을 통하여 대중에 전달되어 여론과 의견이 형성되고 있다.

미디어의 콘텐츠는 제작자의 뉴스나 의견만 있는 것이 아니다. 여기에는 광고주와 수용자의 정보도 함께 노출되고 있다. 다시 말해서 콘텐츠의 내용을 분석했을 때 가장 큰 카테고리는 미디어 제작자가 만드는 콘텐츠, 즉 기사와 정보, 영상 사진 등과 광고주의 광고, 수용자나 독자가 직접 참여하여 만드는 옴부즈맨 코너이다.

이 3가지 요소가 미디어의 콘텐츠 전체이고 이 내용에 따라 미디어 커뮤니케이션 효과가 생기는 것이다. 따라서 미디어 평판도나 미디어 커뮤니케이션 효과는 미디어의 3주체, 3가지 요소로 분석할 수 있다. 미디어 제작자, 즉 송신자의 의도와 태도가 어떠한지, 광고주의 광고 목표가 어떠한지, 수용자의 참여 의지와 행동 여부가 어떠한지에 따라 여론과 평판이 영향을 받게 된다. 우리는 이러한 미디어의 콘텐츠에 대해 다양한 미디어 평판지수를 개발 이용할 수 있다

첫째, 미디어 제작자의 영향력이 어떠할지에 대해서는 미디어의 사시나 칼럼 논조 기사 방향, 편집권과 아젠다 세팅 등을 참고하거나 기사 내용 분석을 통해서 감지할 수 있다.

둘째, 광고주의 영향력은 광고 노출 빈도, 광고량과 광고문안 내용분석을 포함한 광고효과 조사를 통해서 알아낼 수 있다.

샛째, 수용자나 독자의 반응은 다양한 여론조사, 옴부즈맨 참여 형태, 댓글 분석, 독자 후기, 오피니언 참여도 등의 내용 분석을 통해 예측할 수 있다.

이상의 3가지 주체에 따른 조사와 내용분석 등을 통해 미디어 평판지수, 신뢰도, 만족도, 인지도, 선호도, 침투율 등 이른바 미디어 커뮤니케이션 지수를 측정하고 이용할 수 있다.

미디어 평판지수

미디어가 기업에 대해 가지는 보도 성향(태도)을 나타냄

1. 기사의 내용과 방향성(긍정적/비판적/중립적)

2. 기사의 크기와 비중(지면크기/회수)

3. 핵심 이미지와 단어의 사용

BTS는 어떻게 세계적인 스타가 되었나?

BTS 성공의 핵심 키워드는 콘텐츠, 공감 마케팅, SNS 활용, ARMY의 힘, 사회공유가치이다. BTS는 '대중과 리얼(real)로 연결되려면 어떻게 할 것인가? 그들의 메시지를 어떻게 전달할 것인가?'를 고민하고 공감 마케팅에 집중했다. BTS는 그들만의 마케팅 전략으로 최고의 콘텐츠에 의존하기로 했다. 기존의 스타 만들기 함정에서 벗어나기, K-팝 고유가치 지키기, 한국어 고수하기, 연결의 시너지에 집중했다. 무엇보다 SNS(사회관계망 서비스)에 역점을 두고 목숨 걸었다. TV 출연 대신 SNS에 집중하고, 주타깃인 청소년 연령층의 공감 감성 소구에 의존했다. 콘텐츠의 유통 과정은 기존의 문법을 무시했다. 고전적 마케팅의 홍보 법칙을 따르지 않았다. 전략적 입소문인 바이럴 전략으로 전 세계적 유통망을 넓혔다.

소셜 화폐의 법칙, 평판 관리의 법칙을 적용하여 분석해보자.

01 인사이더 소속감 · ARMY · 평판지수

- 강력한 유대 : 팬덤 / 팬클럽의 자부심과 자발적 홍보
- 리더십과 책임감
- 사회적 활동 : 유니세프 모금 참여

02 마음을 움직이는 감성의 법칙

- 트위터에 일상 올리기, 멤버 직접 제작 유튜브 방송(BTS소식)

- 세대 의식 대변 : 또래 집단의 목소리

- 사회적 의미 메시지 : 공감, 청춘, 자유, 시대정신

03 대중성의 법칙

- 노출 빈도 높이기 : 유튜브 재구성

- 비공식 소셜 미디어 활용 : 디지털 콘텐츠 / 온라인

04 이야기성의 법칙(스토리)

- 촌놈 성장 스토리

- 짜릿한 성공 신화

- 평판게임의 원칙, 콘텐츠, 스토리, 네트워크에 집중

빅데이터는 답을 알고 있다

"디지털과 네트워크로 연결된 현대사회에서는
어디에 살고 있는 누구든지 개인 정보를 공유할 수 있게 되면서
평판이 더욱 중요한 자산이 되었다."

데이터와 숫자에는 마력이 있다

'이제 겨우 고등학생인 딸이 유통업계가 발송한 출산용품 광고 메일을 받았다. 이에 대해 그녀의 아버지는 해당 업체의 매장을 찾아가 강하게 항의한다. 점장은 마케팅팀의 실수라고 사과한다. 하지만 얼마 후 그동안 딸이 임신한 사실을 숨겨온 것이 밝혀졌다.'

이 사례에서 우리가 궁금해야만 하는 것은 후일담이 아니라, 도대체 업체

평판이 미래다

는 부모도 모르는 사실을 어떻게 알고 광고 메일을 보낼 수 있었는가이다.

미국 할인 유통업계의 강자로 군림하고 있는 월마트는 수많은 타깃 고객의 구매 이력을 분석해 임산부가 보이는 특이한 패턴을 찾아내는 구매 예측 모형을 가동하고 있다. 그리고 이 사건은 그 예측 모형이 빚어낸 실제 사례이다.

4차 산업과 정보화 시대를 살아가는 우리의 일상에서 빅데이터와 평판의 관계는 더욱 밀접해지고 있다. 빅데이터 시대가 오고 세상이 투명해지면서 앞으로 일어날 일들을 데이터로 예측하는 것이 매우 중요해졌다. 평판 관리에서 빅데이터를 활용하는 이유와 최종 목적은 어디에 있을까? 기업이 빅데이터를 활용하는 것은 의사결정 능력을 향상시켜 좀 더 나은 결과를 얻기 위함일 것이다.

숫자는 마력이 있다. 소수점은 더 그렇다. 50%보다는 47%가 그럴듯하고, 43.2%는 더 그럴듯하다. 여론이 아니라 여론조사가 국정을 좌우한다. 그 많은 정보와 데이터는 미래를 예측하는 데 정말로 도움이 될까?

『빅데이터 경영을 바꾸다』에는 빅데이터와 평판의 참 관계와 의미에 대한 힌트를 보여주는 영화 〈머니볼〉이 나온다. 영화 〈머니볼〉은 미국 프로 야구팀인 오클랜드 애슬레틱스의 우승 실화를 바탕으로 제작됐다. 오클랜드 에

슬레틱스는 메이저 리그 만년 최하위 팀으로, 그나마 실력 있는 선수들은 다른 팀에 빼앗기기 일쑤였다. TV중계료 등의 수입이 적어 많은 돈을 투자할 여력이 없었던 것이다.

야구팀 단장인 빌리 빈은 팀을 살리기 위해 '머니볼'이라는 파격적인 이론을 시도한다. 경제학을 전공한 피터를 스태프로 영입해 경기 데이터를 분석하고 노련한 선수들을 선발한다. 그들은 부상이나 고령, 사생활 논란 등의 이유로 다른 구단에서는 외면받았으나 승리할 줄 아는 선수들이었다. 결국 그들은 우승을 이뤄낸다. 이후 팀은 20연승을 이뤄내며 2002년 아메리칸 리그 역사상 최다 연승 기록을 세웠고 서부지구 1위로 시즌을 마쳤다고 한다.

빅데이터 마케팅이 고객을 잡는다

최근 빅데이터를 활용한 유통업계의 마케팅 기법이 눈에 띄게 발전하면서 때론 '어떻게 알았지?'라는 의문을 자아내기도 한다.

롯데백화점은 최근 롯데시네마와 함께 연계 마케팅을 펼쳤다. 롯데백화점 내 위치한 롯데시네마에서 영화를 예매한 고객들을 분석해 백화점 할인 쿠폰 문자 메시지를 보낸 것이다. 예를 들면 오후 7시 애니메이션 영화를 예약한 어린이 동반 고객을 가족 고객으로 분석, 오후 6시쯤 아이에게 사줄 만한 영화관련 굿즈의 할인 쿠폰을 문자로 발송한다. 그 결과 메시지 반응률은 평균 30% 증가했고 특정 점포에선 70%까지 증가한 것으로 나타났다.

온라인몰이 득세하는 상황 속에서, 롯데마트는 고객 이탈을 막기 위해 빅데이터 마케팅을 도입했다. 고객의 월 방문 횟수나 구매 금액 등을 데이터로 분석하여 이탈 가능성을 보는 것이다. 이탈 가능성이 높은 고객으로 분류된 고객에게는 할인 쿠폰 등을 발급하는 등 고객 이탈 방지에 데이터를 활용하고 있다.

이것이 바로 지금 우리가 사는 '빅데이터 시대'의 단면이다. 이미 세계의 많은 선진 기업들이 미래경영의 해법으로 빅데이터 분석과 기술 개발에 사활을 걸고 뛰어들고 있다.

지금은 '데이터'의 시대다. 데이터가 돈이고 권력이다. 365일 24시간 내내 상상할 수도 없는 양의 정보와 데이터가 쏟아진다. 이른바 '빅' 데이터 시대다. 모두 데이터를 생산하고 소비한다.

평판 조회의 어두운 이면

현대인은 정보가 차고 넘치는 시대에 산다. 그 의미는 참 대단하지만, 평판 관리를 하는 입장에서는 한편으로 끔찍한 상황일 수도 있다.

정보화 시대, 빅데이터 시대의 또 다른 어두운 면에 평판 조회가 있다. 구직 지원자의 블로그나 홈페이지를 몰래 열람하고, 친구나 연인 혹은 동료의 사적 정보를 인터넷으로 캐는 일이 점차 일반화되고 있다. 인터넷이 이렇듯 손쉬운 평판 조회 도구로 이용된다면 결국 그것은 모두에게 올가미가 되어 자신에게 돌아올 수 있을 것이다.

더구나 악의적인 거짓 소문이나 숨기고 싶은 개인정보가 일단 인터넷에 유입되면 그 흔적을 완전히 없애는 것이 거의 불가능하다. 한때의 실수 혹은 잘못으로 수치스러운 낙인이 찍힌 채 평생 살아야 한다면 그것은 현대판 주홍글씨가 아닐 수 없다.

전 세계가 네트워크로 연결되어 있어 인터넷 세상에서 조직도 개인도 그 누구도 더 이상 숨을 곳이 없어진 시대다.

개인에 대한 악플, 인신공격, 명예훼손, 개인정보 유출, 기업의 제품과 서비스에 대한 불평과 비난, 조직의 비리나 부조리 폭로 등을 법이 적절히 통제하지 못한 다면 우리는 어떻게 이런 위기에 대처해야 할까?

많은 정보가 인터넷을 타고 전보다 더 자유롭게 유통되면서 이전에 우리가 경험 하지 못했던 방식으로 커뮤니케이션하며 아이디어를 공유한다. 이런 인터넷 기 술의 진보는 자기 표현방식을 바꿨고, 표현의 자유를 고취시켰다. 그러나 여기에 는 문제가 있다. 광대한 개인정보의 흔적이 인터넷에 영구히 보존되고 구글이나 네이버 검색으로 즉시 표출되는 세상이다.

이제 당신이 어디를 가든 평생 어린 시절을 비롯한 과거의 경험이 기록에 남고 그 기록을 업고 살기를 강요받을 것이다. 세상 어디서든 접속과 검색이 가능하니 말이다.

이렇게 공개되고 노출된 자료들이 항상 옳고 확실한 것은 아니다. 거짓 혹은 중 상모략일 수도 있다. 사실이더라도 모욕을 주거나 명예에 손상을 입히는 사항일 수도 있다.

미디어를 활용해
평판 부자가 되어라

"디지털 시대에는 방대한 양의 수집 데이터를 통해 알아낸 정보를 분석하여
거의 모든 것에 관한 평판을 참고해서 평판 점수를 매기게 된다."

비즈니스 세계에서 소셜 네트워크의 힘을 활용하는 방법!

"노트북 하나 사려는데 어떤 제품이 좋나요?"

"A사와 B사 제품 중에 어떤 것이 더 좋은가요?"

"이 청소기 써보신 분 계신가요? 어떤가요?"

트위터와 페이스북에서 쉽게 볼 수 있는 질문이다. 이 질문에 달리는 댓글
중에는 지인들도 있지만 얼굴 한 번 보지 못한 트친, 페친도 있다. 그런데 이

런 이들의 이야기가 구매 의사 결정에 큰 비중을 차지하고 있다.

디지털 혁명 이후 우리 삶의 많은 부분이 변했다. 기업의 생존을 위한 마케팅 전략에도 많은 변화가 필요하다. 특히 기업의 평판 관리 관점에서 플랫폼과 마케팅 전략에는 어떤 변화가 있었을까? 우리가 이 거대한 시대의 흐름에 어떻게 대처해야 하는지를 모색할 때다. 기업과 브랜드의 평판 관리를 미디어와 디지털마케팅 관점에서 바라보고 어떻게 활용할지를 생각해보자.

최근 수많은 네트워크 도구가 등장하면서 온라인 커뮤니티는 더욱더 활성화되고 있다. 페이스북, 트위터, 블로그 등 끊임없이 등장하는 소셜 네트워크 도구를 활용해, 커뮤니티의 종류와 규모도 개인적인 활동에서 사회적 공동체의 결속에 이르기까지, 그 정도를 헤아릴 수 없이 다양해지고 거대해졌다. 사람들은 세대와 국경을 넘어 이 커뮤니티를 통해 자신을 알리고 타인을 만날 뿐 아니라, 공동체를 이루어 사회적 영향력을 키우고, 자신과 세계를 변화시켜가고 있다.

비즈니스 역시 마찬가지다. 기업은 기존의 제한된 마케팅 전략을 벗어나 인터넷을 통한 광범위한 홍보와 이미지 구축에 힘쓴다. 소비자들도 인터넷에서 만난 전 세계의 지인들과의 대화를 통해 상품을 판단하고 구매한다.

미디어를 사용하여 평판부자가 되어라

그렇다면 이러한 시대에 사회적 자본가로 성공하는 방법, 다시 말해 평판을 많이 쌓을 수 있는 방법은 무엇일까?

답은 간단하다. 소셜 네트워크 상에서 사람들과 관계를 형성하고, 그들의 공감을 구축해 명성을 얻고 신뢰를 높이는 것이다. 하지만 이때 자신과 상품, 회사를 알리는 것이 우선시되어서는 안 된다. 이제까지의 마케팅 방향을 바꿔 다른 사람들의 소리를 먼저 듣고, 그들과 꾸준히 대화하며, 스스로 변화하는 모습을 보여야만 소셜 네트워크 상에서 좋은 평판을 쌓을 수 있다.

현재 비즈니스를 하거나 시작한 사람, 소셜 네트워크 도구를 사용하고자 하는 사람들은 평판 개념을 이해하는 것이 우선이다. 그다음은 진화하는 미디어의 특성을 이해하고 다양한 미디어를 이용하는 평판 관리를 시작해야 한다. 특히 최근 이슈가 되고 있는 각종 소셜 네트워크 도구들과 각각의 사용법을 구체적으로 활용하여 평판을 쌓아가는 마케팅 활동이 필요하다.

평판을 높이는 것은 단순히 물건을 사고팔거나 부를 축적하는 경제적 효율성을 높이는 측면에 그치지 않고, 타인의 행복과 사회적 공동체의 선(善)과 발전을 지향한다는 점을 이해해야 한다.

소셜 네트워크 시대의 평판 경제는 협력하면 양쪽 모두 이익을 볼 수 있는 비(非)제로섬게임(Non-Zero-Sum)이다. 우리는 모두 이익을 얻을 수 있다. 자율성, 능력, 전반적인 소셜 네트워크 구축 등은 평판을 쌓는 일에 집중할 때 생겨난다. 경쟁은 치열하다. 이제 디지털 미디어로 평판을 쌓아 윈윈게임으로 새로운 비즈니스 세계에서 성공하고 평판 부자가 되어라!

개똥녀는 왜 세계인의 조롱거리가 되었나?

인터넷 여론은 잘못된 행위를 한 자들에 대해서 막강한 비판의 역할을 한다. 사회 이슈가 된 지하철 오물 방치 사건, 일명 '개똥녀 사건'이 그 대표적 예이다.

사건은 2005년 4월 서울의 한 지하철에서 일어났다. 한 젊은 대학생 여성이 동행한 애완견이 지하철 내부에 배설물을 남겼다. 다른 승객들이 배설물을 치우라고 요청했지만, 그녀는 무시했다.

이를 지켜보던 한 네티즌이 자신의 블로그에 '애견인의 인식과 태도'라는 글과 사진을 포스팅했다. 그 사건은 사이버 공간으로 급속도로 퍼져나갔고, 분위기는 험악해졌다.

몇 시간이 지나자 그녀에게 '개똥녀'라는 별명이 붙었고 그녀의 사진과 패러디가 삽시간에 퍼졌다. 며칠 후에는 그녀의 신상과 과거까지 공개됐다. 그녀의 부모와 친척들에 대한 정보요청이 폭증했고 사람들은 그녀의 개와 가방, 심지어는 시계만 보고도 그녀를 알아보기 시작했다.

개똥녀 사건은 돈 박이라는 블로거가 그의 블로그에 글을 쓰면서 미국까지 알려졌다. 그 후 얼마 지나지 않아 그녀의 기사는 각 신문과 전 세계 웹사이트를 도배했다. 전 세계 사람들이 그녀의 사진을 다른 이미지와 합성해서 인터넷에 뿌렸다. 개똥녀 사건은 주류미디어로 신속히 유입되었고 뉴스에도 보도되었다. 이런 공개적 모욕과 수치심을 견디지 못한 개똥녀는 살던 집에서 이사하고 다니던 대학까지 그만두었다.

왜 네티즌들은 오물을 방치한 채 앉아 있는 여성의 사진 한 장에 공분했을까? 사진 속 주인공의 행동이 사회 윤리적 관점에서 '잘못된 행위'이기 때문이다.

한편 이러한 네티즌들의 비판은 익명성이라는 인터넷 프라이버시 규범과 정보의 자유로운 유통이 우리를 얼마나 부자유스럽게 하며 사생활과 비밀을 노출할 수 있는지 깨우쳐준다. 네티즌의 감시와 참여는 때로 명예훼손과 인권침해의 소지도 없지 않다.

플랫폼 전략,
디지털 미디어로 다시 짜라

"평판을 파는 시대, 소셜 네트워크에 답이 있다."

소셜 평판 관리, 이제 더는 남의 이야기가 아니다

2007년, 하나의 동영상이 유튜브에 올라왔다. 미국 뉴욕의 한 KFC와 타코 벨 매장 안을 돌아다니는 쥐떼들을 찍은 동영상이었다. 사람들은 경악했고, 12시간도 채 안 돼 이 동영상은 전 세계에 퍼져나갔다. 뒤늦게 KFC, 피자헛, 타코벨 브랜드로 세계 각지에 가맹점을 둔 얌브랜드(Yum! Brands)가 사고 수습에 나섰지만, 이미 기업 이미지는 땅에 떨어졌고 주가는 연일 곤두박질쳤다. 그 매장은 문을 닫았지만, 아직도 유튜브엔 그때 그 문제의 동영상이 떠돌아다니고 있다. 한번 만들어진 소셜 평판은 사라지지 않는다.

기업 경영자나 마케터들의 고민은 과거나 현재가 한결같다. '어떻게 하면 기업의 브랜드의 이미지를 좋게 하고 인지도를 높이며 고객 충성도를 지속할 까?' 하는 것이다. 광고와 PR은 이제 기업 이미지와 브랜드에 대한 전략을 세우고 실행할 때 새로운 것을 친숙하게, 친숙한 것을 더욱 새롭게 보이게 하는 것에 초점을 두어야 한다.

오늘날 비즈니스를 움직이는 주인공은 그저 물건을 사기만 하는 '소비자'가 아니라, 디지털 매체를 통해 기업과 적극적으로 교류하는 '사용자'이고 '생활자'이다. 스마트 기술의 발달로 개개인이 곧 하나의 미디어가 된 지금, 기업은 더 이상 정보를 통제할 수 없는 환경에서 브랜드 전략도 다시 새롭게 짜야 한다.

잘 팔리던 제품이 하루아침에 불량품으로 낙인찍혀 재고품이 되고, 이름 없던 기업이 하룻밤 새 유명 기업이 되어 세상을 떠들썩하게 할 수 있다. 인터넷 세상에서는 충분히 가능한 이야기다. 부정적인 댓글 하나를 대수롭지 않게 넘겼다가 수십, 수백 배의 손해를 입은 기업 이야기는 이제 더는 남의 이야기가 아니다. 소셜 평판 관리, 이제는 적극적으로 나서야 할 때다.

클릭 한 번에 개인과 기업의 이미지가 달라진다!

얼마 전 저가 항공사로 잘 알려진 에어항공사가 창립 10주년 기념 이벤트를 진행했다. 에어항공사는 10센트, 우리 돈 36원짜리 초저가 항공권을 판매한다고 대대적으로 홍보했다. 이에 많은 사람들이 홈페이지에 접속했고, 그 바람에 이벤트 첫날부터 서버가 마비되는 소동까지 벌어졌다. 회사 브랜드를 알리는 데는 어느 정도 성공한 듯 보였지만, 문제는 그다음이었다. 이벤트 당첨자가 있긴 하냐는 사람들의 의문에 에어항공사는 침묵으로 대응했다. 사람들은 '이건 사기다', '기분 나쁘게 낚였다', '처음부터 홍보 수단이었다' 등의 댓글을 남겼다. 홍보의 목적은 이루었지만 기업평판은 오히려 나빠진 사례다.

지난 2008년 미국 대통령 선거는 오바마의 승리로 막을 내렸다. 미국 최초의 흑인 대통령, 오바마. 2007년 그가 대통령 선거에 출마할 때만 해도, 그의 승리를 점치는 사람은 거의 없었다. 힐러리 클린턴이라는 높은 벽을 뛰어넘어 과연 민주당 대선 후보로 지명될 수 있을지조차 의문이었다. 하지만 그는 힐러리를 넘어 존 매케인까지 누르고 미국 제44대 대통령으로 취임했다. 그의 승리 뒤에는 '마이보(마이 버락 오바마 닷컴)'라는 든든한 선거 지원 사이트가 있었다. 소셜 웹을 활용한 선거 운동은 20~30대 젊은층의 관심을 불러일으켰다.

평판이 미래다

또한 오바마는 소셜 네트워크와 소셜 미디어를 적극적으로 활용했는데, 이곳에서 그는 선거 자금을 모금하고, 공약을 전달하고, 악성 루머나 유언비어에 대해 해명했다. 선거 유세가 끝나갈 무렵 그의 페이스북에는 380만 명, 마이페이스에는 100만 명, 트위터에는 16만5천 명, 블랙플래닛에는 49만 명 그리고 유튜브에는 15만 명의 후원자와 팔로워, 구독자가 있었다. 소셜 평판이 선거에 큰 영향을 미칠 수 있음을 보여주는 사례다.

오랜 시간 공들여 쌓아 올린 평판이 '클릭' 한 번에 무너지는 이유는? PR 담당자가 온종일 트위터·유튜브만 들여다보고 있는 이유는?

평판(Reputation, 評判), 한마디로 '세상 사람들의 비평'이다. 가족이나 친구, 동료들이 나를 어떻게 생각하는지, 고객들이 우리 회사를 어떻게 말하는지 알고 싶을 때 우리는 '평판'을 조사한다. 대개는 나를 아는 사람, 또 우리 회사 제품이나 서비스를 이용해본 고객이 조사의 대상이 된다. 그런데 소셜 세상에서는 나와 관련 없는 사람도, 우리 회사와 연관 지을 게 없는 사람도 나와 기업의 평판을 만드는 주체가 될 수 있다. 그들의 댓글 하나가, 그들의 동영상 하나가 엄청난 결과를 몰고 올 수 있는 것이다.

상황이 이렇다 보니 최근 미국에는 대가를 받고 고객들의 인터넷 평판을 보호, 관리해주는 업체까지 생겨났다. 딜리트미, 레퓨테이션닷컴 같은 업체는 소셜 네트워크나 소셜 미디어에 있는 개인과 기업의 부정적인 내용을 확인해서 수정해주는 한편, 구글이나 야후 같은 사이트에서 좋은 내용이 검색될 수 있도록 돕기도 한다.

SNS, 트위터, 블로그, 유튜브, 인터넷방송 등은 우리 가까이 있다. 언제 어디서 그들의 평판이 쏟아질지 모른다. 개인도, 기업도 소셜 평판에서 완전히 자유로울 수 없다면, 차라리 나와 기업에 유리하게 활용하는 방법을 모색해야 하지 않을까?

래리 웨버의 『기업평판 소셜 네트워크에 달렸다』는 '과거에는 상상하지 못했던 방식으로 '나를 대표하는 곳'을 구현할 수 있는 세상이 왔다'고 말한다. 블로그, 페이스북, 링크드인, 마이스페이스, 트위터 또는 직접 개설한 웹사이트 등에서 말이다. 이렇게 만든 온라인 공간 속에서 다른 이웃을 방문할 수도 있고 커뮤니티를 구축할 수도 있으며 이런 활동이 많아지면 평판 자산이 쌓이게 된다.

평판이 중요한 이유는 현대인들에게 많은 선택권이 있기 때문이다. 가령 커피를 한잔 마시고 싶을 때에도 우리는 모빌 마트, 스타벅스, 던킨도너츠, 맥도날드, 그 외 동네 카페 중에서 원하는 곳을 선택한다. 인터넷에서는 더 많은 선택권이 주어진다. 예를 들어 와이셔츠를 한 장 구매하고 싶어 구글에

'와이셔츠 구매'를 검색하면 거의 2,500개에 가까운 검색결과가 나온다.

디지털 평판 관리자들은 기업이 원하는 주제, 제품, 사안에 관해 이해관계자들의 건설적인 대화가 지속될 수 있도록 하는 일을 담당한다. 만약 석유 회사라면 에너지 정책에 관한 대화를, 제약 회사라면 의료 문제를 논의하고 싶을 것이다. 디지털 평판 관리자는 이러한 논의를 모니터링하고 시기적절한 댓글을 달 수 있는 책임과 시간, 정보, 권한, 자원을 가진 사람이다.

디지털 평판 관리자로서 중요한 태도는 회사의 최대 이익을 항상 염두에 두되 모든 대화에서 투명한 모습을 보여야 한다는 것이다. 내 친구 중 유명 기업의 IR(투자자 대상 기업 설명 활동)부문 책임자로 일하는 평판 관리자가 한 명 있는데, 그의 회사가 서브 프라임 모기지 사태로 신용 위기가 커지자 뉴스에 자주 등장했다.

이 문제와 관련된 사건들은 매우 복잡하고 예민한 사안이었지만 그 미묘한 차이를 제대로 이해하는 기자는 거의 없었다. 사안을 명확하게 설명할 수 있는 공간과 시간 또한 제약이 많았다. 결국 수많은 뉴스 보도와 블로그, 댓글들은 한쪽으로 치우친 부정확한 시각을 전달하고 있었다. 의도했든, 하지 않았든 기자들이 이 회사의 평판을 망친 것이다.

친구는 이 사태를 해결하기 위해 온·오프라인 미디어를 항상 모니터링했다. 그러면서 자신의 회사에 대한 부정확한 댓글을 발견할 때마다 명확한 사실만 전하는 댓글을 조심스럽게 달았다. 또 이 내용을 영향력 있는 증권사 애널리스트, 펀드 매니저, 기타 핵심 인물들에게 이메일로 전달했다.

오랜 기간에 걸쳐 긍정적인 평판을 쌓아왔던 친구는 이렇듯 미디어 통로나 블로그가 아닌 투자 커뮤니티에 직접 자신의 입장을 주장했다. 그에 대한 믿음이 있었던 투자 커뮤니티의 전문가와 핵심인물들은 그의 분석을 신뢰했고, 그 덕에 그는 회사의 평판과 주가에 미치는 피해를 최소화할 수 있었다.

이제 모두 손에 쥐고 있는 스마트폰으로 디지털 영상을 제작할 수 있게 되었다. 촬영도 스마트폰으로 할 수 있다. 좀 더 전문적이라면 DSLR 카메라처럼 찍을 수 있는 촬영 앱도 나왔다. 그리고 아주 쉽게 편집과 녹음, 최종 영상을 만들어 주는 스마트폰 앱도 다양하게 사용할 수 있다. 예전 같으면 전문가나 사용했던 디지털 편집 프로그램도 조금만 배우면 누구나 다룰 수 있게 됐다. 영상을 완성한 뒤에는 가족이나 친구들에게 유튜브나 페이스북, 팟캐스트 같은 SNS를 통해 온라인으로 배급하고 상영할 수 있다.

이제 디지털 평판 관리로 시장의 판을 새로 짜야 할 때이다. 평판을 파는 시대, 소셜 네트워크에 답이 있다.

"당신이 만일 정말 좋아하고 흥분되는 어떤 일을 하고 있다면,
더 노력해야 한다고 억지로 밀어붙일 필요는 없습니다.
바로 그 일이 주는 비전이 당신을 끌어당길 테니까요."

– 스티브 잡스 ('애플'의 창업자)

Reputaion Key Point PART 2

평판 관리는 기업의 목숨과 같다

좋은 평판이 더 나은 기업 발전을 가져온다

인간의 오랜 숙원이 무병장수이듯이 기업 또한 지속 가능한 발전을 추구한다. 법인들의 평균 수명이 15년을 넘기기 어려운 이 시대에, 장수기업의 가장 큰 특징은 평판이라는 든든한 지지 기반이 있다는 것이다.

사회적 공헌, 소셜 임팩트에 집중하라

평판이 중요한 이유는 현대인들에게 많은 선택권이 있기 때문이다. 이제 상품은 그 자체의 효용만으로는 강력한 브랜드로 자리매김하기가 매우 어렵다. 게다가 정보가 넘쳐나고 상품 선택의 폭이 넓어지니 소비자는 자신의 판단 아래 구매하려는 성향이 강해졌다.

평판 관리 경영은 단순히 경영실적과 성과 창출에만 치중한 '이름 있는 기업'으로 평가받는 것에 그치는 것이 아니다. '윤리적 기업'이나 '존경받는 기업', 나아가 '신뢰할 수 있는 기업'으로 평판을 쌓아야 한다.

어떻게 평판을 만드는가?

– 평판 관리의 접근 전략 모델 3가지

1. 다울링의 모델 : 기업 정체성 – 기업 이미지 – 기업 명성 (평판) – 기업 슈퍼브랜드

2. 반 리엘·폼브런의 모델 : 정체성 군집 – 명성 군집 – 커뮤니케이션 관리

3. 폼브런의 모델 : 컨텍스트 – 전략 – 정체성 – 명성 – 지지 – 성과

이제 평판은 누구나 볼 수 있고, 어디에서든지 생성된다

– 클릭 한 번으로 개인과 기업의 이미지가 달라진다!

디지털 혁명 이후 우리 삶의 많은 부분이 변했다. 얼마 전까지만 해도 평판은 오로지 가까운 사람들의 기억 속에만 존재하는 것이었다. 하지만 첨단 디지털 기술이 만연한 요즘은 당신의 네트워크도 한없이 넓어졌으며 지구상의 누구와도 연결될 수 있다.

이제 명성은 미디어를 통해서 쌓여간다. 소셜 네트워크상에서 사람들과 관계를 형성하고, 그들의 공감을 구축해 명성을 얻고 신뢰를 높이는 것이다. 게다가 한 번 만들어진 소셜 평판은 사라지지 않는다.

"기업평판은 회사의 지난 행동과 결과에 대한 집합적 재현으로 다양한 이해 관계자들에게 가치 있는 성과를 제공할 수 있는 회사의 능력을 나타낸다."

– 비올리나 린도바(서던캘리포니아대학교 경영학 교수), 찰스 J. 폼브런

PART 3

세계 최고의 기업을 만드는 평판 관리 5원칙

Reputation ————————————————————————————————

"기업의 성공에서 가장 중요한 요소를 든다면
신념에 대한 집착이다.
방침의 어느 단계에서라도
기본적인 신념을 거스를 가능성이 있다면
반드시 그것을 바꾸어야 한다."

– 토머스 왓슨 2세 ('IBM'의 전 CEO)

세계 최고의 기업은
어떻게 명성을 쌓았는가?

"기업은 평판 관리를 위해 어떤 법칙과 원칙을 따라야 할까?"

기업은 평판 관리를 위해 어떤 법칙과 원칙을 따라야 할까?

현대사회는 평판 사회다. 평판에서 비롯되는 나의 위치와 역할이 그 어느
시대보다 크고 중요해졌다. 그래서 평판의 본질을 이해하고 이제 이 세상에
존재하는 사람·조직·상품은 모두 평판 관리를 해야 할 때이다.

이 세상 모든 성공과 성취는 평판으로부터 나온다. 반면, 평판에서의 위기
는 사람과 조직, 사회 모두의 위기가 된다. 명성에 따른 평판은 자부심과 기

쁨을 느끼며 우리에게 부를 가져다 준다. 하지만 평판을 잃는 순간, 자신에 대한 신뢰와 존경은 곧바로 사라지고 하늘의 별에서 한순간 나락으로 떨어지며 대중의 배신을 경험하게 된다.

최고의 기업은 어떻게 명성을 쌓았는가?

기업의 가치 있는 재산, 즉 기업의 평판을 어떻게 쌓을 수 있을지 알아보자. 종업원, 소비자, 사업상의 고객은 좋은 품질과 가격을 기대하면서도 점점 더 기업 가치의 통합을 원하고 있다. 그래서 기업은 통합적 평판 관리가 중요하며, 통합 커뮤니케이션 시스템의 이행도 이루어져야 한다.

기업은 평판 관리를 위해 어떤 법칙과 원칙을 따라야 할까? 강력하고 확고한 평판을 얻기 위해서는 엄격하게 준수하는 몇 가지 원칙이 있어야 한다. 기업은 이해관계자와 긍정적 신뢰 관계를 위해 원활한 커뮤니케이션을 이어가야 한다. 기업이 채택하는 평판 플랫폼은 그 기업이 의존하는 모든 이해관계자에게 독특해야 하고, 믿을 만하며, 투명해야 한다. 그리고 모든 이해관계자에게 많은 정보를 알려주어야 하고, 끊임없이 기업의 이야기를 창출해 성장 스토리를 만들어야 한다.

그렇지만 이것만으로는 부족하다. 평판 관리는 반드시 다른 사람과의 관

평판이 미래다

계 속에서 그들의 필요와 욕구를 충족시키거나, 사람들의 협력과 도움을 통해서만 성과를 만들 수 있다. 좋은 평판은 좋은 활동과 좋은 성과를 주고받음을 기반으로 형성된다. 기업이 고객에게 무엇인가 줄 수 있다면, 기업도 반대급부로 신뢰와 존경을 받을 수 있으므로 공존하며 공생할 수 있다. 그런데 무엇을 주어야 할까? 고객이 원하지 않는 것, 이미 충분히 가지고 있는 것, 좋아하지도 않는 것을 주려고 한다면 이는 시간과 자원 낭비일 뿐이다.

비즈니스 세계의 핵심 파워는 바로 평판이다

비즈니스 세계에서도 가장 핵심이 되는 파워는 바로 관계와 명성, 평판의 힘이다. 평판 관리 중에서도 명성 관리의 핵심은 공중과 미디어 양쪽으로부터 균형 있는 평판 점수를 획득하는 것이다. 이제 평판은 대중의 단순한 인기의 척도가 아니라 사회적 자본을 형성하는 키워드이자 실제로 어마어마한 수익과 부를 얻을 수 있는 비즈니스의 핵심 도구다.

이러한 목표를 이루는 것은 결국 자사의 커뮤니케이션 전략을 채널을 통해 일관되게 전파함으로써 실현할 수 있다. 이는 기업의 정체성과 책임감, 차별성과 서비스를 투명하고 일관되게 전달하는 것이며, 결국은 이해관계자 모두의 신뢰와 존경을 획득하는 것이다. 이러한 결과를 만들어내는 것은 일관성과 신뢰성 있는 메시지와 커뮤니케이션을 통하여 이룰 수 있다.

평판 관리는 사람들에게 스스로 최선을 다해 노력하도록 동기를 불어넣는, 어떤 의미를 제공해야 한다. 이것은 사람이 자신이 존중받는 존재이며, 동시에 가치 있는 것을 위해 일한다는 의의를 자각할 수 있을 때 가능하다.

나 자신의 평판을 가꾸면서 나에 대해서 더 많이 더 명확하고 투명하게 바라볼 수 있다. 그리고 내 이웃과 조직, 사회에 대해서 더 좋게, 더 많이, 더 풍성하게 공헌할 수 있다. 이제 평판을 관리함으로써 나 자신의 가치를 알리고 개발하는 것뿐 아니라 다른 사람과 조직사회에도 공유가치를 제공하는 것이다.

평판 관리의 5가지 원칙

1. **가시성의 원칙** : 보이게 하라

2. **차별성의 원칙** : 다르게 하라

3. **신뢰성의 원칙** : 믿게 하라

4. **투명성의 원칙** : 투명하게 하라

5. **일관성의 원칙** : 일관되게 하라

평판이 미래다

원칙 1 : 보이게 하라(가시성의 원칙)

"가시성이란 보여주기(show)와 말하기(Tell)이다."

나의 모든 것을 표현하라

매체 전략을 이야기할 때 우리는 노출빈도라는 용어를 쓴다. 가시성이란 다름 아닌 언론이나 미디어에 노출되는 것을 말한다. 모든 커뮤니케이션의 시작은 누군가에게 다가가는 것이며 노출되는 것이다. 다시 말해 가시성이란 보여주기(show)와 말하기(Tell)이다. 가시성은 내향적인 자세가 아니라 외향적인 자세다. 숨기고 은폐하는 것이 아니라 보여주고 과시하는 것이다.

강력한 평판은 모든 것을 표현하고 행동으로 실천할 때, 그리고 기업이 감성 소구의 근거를 구축할 때 생긴다. 이는 기업이 자신을 이해관계자 커뮤니티에 설득력 있고 친근하게, 확실하고 신뢰할 만하게 표현할 것을 요구한다. 표현을 통해 기업은 자신이 누구인지 무엇을 하려고 하는지 무엇을 대표하는지를 전달한다. 미국의 존슨앤드존슨(Johnson & Johnson)과 코카콜라(Coca Cola) 같은 기업은 높은 표현력을 가진 기업이다. 똑같이 덴마크의 레고(Lego)나 이탈리아의 페라리(Ferrari), 페레로(Ferrero)도 그렇다. 기업은 자신을 표현해야 한다. 그러면 대중은 이런 기업과 일체감을 느끼기 시작한다.

표현은 2가지 방법으로 평판을 형성한다.

첫째, 표현은 소비자들이 알아야 할 정보의 양을 줄여 중요한 결정을 하는 데 도움을 준다. 가시성은 기업 정보가 널리 이용될 수 있게 함으로써 굳이 몸소 조사할 필요성을 감소시킨다. 단순화된 정보와 쉽게 이해할 수 있는 표현은 기업에 대한 투자자의 이해를 촉진하고 소비성향 조사와 같은 추가적인 노력을 줄여준다. 그렇게 함으로써 지지층을 더 두껍게 형성할 수 있다.

둘째, 기업의 자기표현은 종업원, 소비자, 투자자들이 기업에 대한 이해를 공유하도록 촉진해 기업평판 구축을 돕는다. 기업은 눈에 띄지 않으면 경쟁사와의 경쟁에서 비교우위를 유지할 수 없고 발전할 수도 없다.

가시성을 확보하라

아무리 좋은 것도 눈에 띄지 않으면 소용없다. 아무리 좋은 기업이라도 알려지지 않으면 제대로 된 평판을 얻기 어렵다. 기업에 대한 인지도와 친밀함은 대중의 평판에 긍정적인 영향을 미친다. 기업과 모든 브랜드의 상품은 다양한 미디어에 더욱 많이 노출되어야 강력한 평판을 기대할 수 있다.

기업의 가시성은 바로 기업이 이행하는 커뮤니케이션 활동에서 비롯된다. 기업의 커뮤니케이션 활동을 점검해보면 상위권 기업일수록 커뮤니케이션 활동이 광범위하고 소통량이 많을 뿐 아니라 상호작용도 원활하다. 상위권 기업은 이해관계자와의 직접적인 대화도 자주 갖는다.

1990년대 중반, 〈포춘〉지가 실시한 평판 평가에서 상위권과 하위권에 속한 기업 커뮤니케이션 예산에서 나타난 결과를 보면, 상대적으로 높게 평가된 기업은 낮게 평가된 기업보다 모든 미디어에서 훨씬 더 눈에 잘 띈다는 사실을 알 수 있다.

2000년 뉴욕의 기업PR협회가 회원사를 대상으로 한 조사 결과를 보면 높은 평가를 받는 기업일수록 미디어에 더 큰 비용을 지출하고 있음을 알 수 있다.

구 분	낮은 평판(%)	높은 평판(%)
잡지 기사	28	57
잡지 광고	20	48
신문 기사	22	45
TV 광고	5	26
TV 프로그램	5	21

[평판과 미디어 노출도]

(출처 : Leslie Gaines-Ross, "Result of a Survey of 25,000 Fortune Readers",
Presentation at the 1st Conference on Corporate Reputation, Image and Identity,
Stem School of Business, January, 1997)

구 분	높은 평판($)	낮은 평판($)
미디어 관계	1096	723
이사회 활동	227	165
투자자 관계	635	367
연례 4분기 보고서	920	357
산업 관계	1247	329
직원 커뮤니케이션	1621	545
부서 관리	256	312
합계	6002	2797

[평판과 2000년 기업 커뮤니케이션 투입비]

(출처 : Council of Public Relations Films, 2000)

평판이 미래다

부정적 가시성은 회피하라

　기업평판에서 가시성은 양날의 칼과 같다. 소비자의 눈에 어떻게 드러나는 가에 따라 기업의 이익이 좌우된다. 눈에 잘 띄는 것이 오히려 평판에 역효과를 가져올 수도 있다. 그것은 기업의 활동이나 리더의 행동이 부정적으로 보이거나 불의의 사고 등 불명예로 낙인이 찍히면, 가시성은 오히려 평판에 손상을 주는 결과로 나타난다.

　엑손모빌의 평판은 1989년 3월 24일 발생한 발데스호의 원유 유출 사고와 법정에서의 선고, 벌금 지급 이후 계속된 공익적인 성격의 기업 활동에도 불구하고 14년 동안이나 침체 상태를 벗어나지 못했다. 평판에 심각한 손상을 끼치는 사건을 겪은 기업일수록 소비자들은 그 사실을 절대 잊지 않는다.

　언론에 보도되는 부정적 뉴스는 평판 관리에 치명적이다. 기업의 회계 부정행위에 관계되는 범죄 혐의와 투명성을 회피하는 기업 운영 등의 뉴스가 평판 상실의 대표적인 경우다. 경쟁사 비방이나 고객에 대한 불공정 거래 행위, 그룹 소유주의 경영권 남용이나 거래처에 대한 갑질 사례, 직원에 대한 부당한 권리 행사나 개인적 스캔들, 안전을 위협하는 제조 과정에서 일어나는 실수나 고의적 부정행위 등은 기업과 상품 브랜드에 대한 신뢰를 상실할 위기를 초래한다.

일반 대중은 언론의 보도 내용 중에서 어떤 기사에 주목할까? 앞에서 이야기한 것처럼, 대중은 선행이나 긍정적 기사보다는 부정적인 보도 내용에 더 주목한다는 것을 알아두자.

외국의 보도 가시성과 평판도의 연관 관계 조사에 따르면, 2001년 네덜란드에서는 KPN, 미국에서는 파이어스톤, 덴마크에서는 케미노바, 이탈리아에서는 피아트 같은 기업에 주목도가 높았다. 이는 이 기업들이 경험한 경영과 재무적 위기, 또는 기술과 제품에 관련된 위기 때문이었다. 이 기업들은 부정적 뉴스로 대중의 주목을 받는 수준이 매우 높았다. 아이러니하게도 이들 기업들은 당해년 평판조사에서 가시성이 높았음에도 대중의 신뢰도와 존경심은 낮게 나타났다.

인터넷으로 어디든지 접속할 수 있고 뉴스들이 폭증하는 정보화 세계에서 특정 기업에 대한 가시성은 불과 하룻밤 사이에도 발생할 수 있다. 부정적인 가시성은 기업을 이러지도 저러지도 못하는 지경으로 몰아넣을 수 있다. 한번 나쁜 기업으로 유명해진 기업은 소비자에게 부정적인 연상을 오랫동안 상기시킨다.

평판을 만드는 첫 번째 요소인 가시성은 평판을 강화하며 평판 가치를 높인다. 좋은 평판이든 나쁜 평판이든 결국 '보이는' 데에서 출발한다는 것을 기억하라.

원칙 2 : 다르게 하라(차별성의 원칙)

"차별성 구축에 필요한 성공전략은 최고(the best)가 아니라,
유일함(the only)으로 승부해야 한다는 것이다."

경쟁하지 말고 독점하라

페이팔(PayPal)의 공동창업자인 피터 틸(Peter Thiel)은 스타트업을 꿈꾸는 예비창업자들에게 이렇게 말한다.

"기업가들이 명심해야 할 사항은 분명하다. 지속적인 가치를 창출하고 보유하고 싶다면 차별화되지 않은 제품으로 회사를 만들지 마라."

위대한 기업, 행복한 사람은 뭔가 다르다. 그 다름이 평판을 만든다. 명성이 뛰어난 개인이나 최고로 여기는 기업의 특징은 다름 아닌 차별성이다. 평판 지수가 높은 기업, 유명세나 인지도가 높은 개인, 소비자의 선택을 받는 대표 브랜드의 상품은 경쟁사나 라이벌 제품보다 자기 자신을 성공적으로 차별화하고 있다.

차별성은 기업 이미지를 제고하고, 고객 인식을 개선하는 측면에서 평판 획득의 필수 요소라 할 수 있다. 차별성은 동질성의 반대 개념으로 등급이나 수준의 차이를 나타낸다. 아울러 차별성이란 남과 구분되는 나만의 아이덴티티로서 독특한 것이고, 나를 다르게 하는 특별한 이유다. 즉 차별성이란 바로 소비자의 의식 속에 자리 잡고 있는 기업의 아이덴티티로서 경쟁사와 비교되는 차별적 특징이며, 고객이 원하고 필요한 욕구와 그 이유에서 찾아낸 장점을 상징화한 것이다.

고객의 선택엔 이유가 있으며, 기업은 고객이 선택할 수 있는 확실한 이유를 만들어야 한다. 기업은 이해관계자들의 인식에 경쟁사와 다른 작은 차이만 발생시켜도 실제로 많은 이익을 얻을 수 있다. 기업은 고객이 원하고 필요한 것을 어떻게 확보하고 지원할 것인지 고민해 고객지향의 차별성을 갖추어야 한다.

차별성을 확보하라

차별성은 모든 기업과 브랜드 커뮤니케이션의 핵심이다. 기업의 차별성은 한마디면 충분하다. 기업의 핵심가치를 단순하고 집중적으로 표현하는 것이 필요하다.

미국의 헬스케어 기업 존슨앤드존슨의 사례를 검토해보자. 이 기업은 소비자의 신뢰 순위에서 불변의 높은 평판 점수를 얻고 있다. 그들의 메시지는 너무나 명확하고 단순하다. 존슨앤드존슨의 광고는 신생아와 어린이를 한결같이 크게 내세우거나 언급하면서 어린이를 키우고 돌보는 기업으로 표현한다.

코카콜라 브랜드 커뮤니케이션의 핵심은 제품에 대한 열정을 전달하고 그 열정을 사람의 일상생활에서 철저히 통합하고자 하는 것이다. '언제 어디서나 필요한 곳에 코카콜라가 함께 있음'을 전달한다. 코크(Coke, Coca-Cola)라는 쉽고 친숙한 상표명과 독특한 디자인, 독특한 맛으로 차별화된 이미지를 구축하고 시장을 지배하고 있다.

차별성 구축에 필요한 성공전략은 최고(the best)가 아니라, 유일함(the only)으로 승부해야 한다는 것이다.

차별성을 만들기 위해서는 어떻게 해야 할까?

차별성을 만들기 위한 3가지 전략

1. 유일한 한 명이 되어라

2. 틈새시장을 찾아라

3. 오리진이 되어라

첫째, '최고, 최대, 최상'이라는 형용사 대신, '유일한, 독특한, 특별한' 것을 추구하는 것이다. 이른바 차별화(Unique Selling Proposition)전략, 즉 USP 전략이다. 수많은 경쟁자 중 한 명이 아니라 유일한 한 명이 되어야 한다.

『보랏빛 소가 온다』라는 책의 저자 세스 고딘은 보랏빛 소가 되어야 한다고 말한다. 들판에 많은 소가 풀을 뜯고 있는데 대다수의 소는 누런빛을 띤 소들이다. 그런데 그중 한 마리의 빛깔은 보랏빛으로 다른 소와 구분된다. 저자의 표현을 빌리면 리마커블한 소다. 리마커블(remarkable)한 것은 더 좋은(the good) 것의 다른 의미라고 한다. 즉 '특별한, 눈에 띄는, 흥미진진한' 같은 의미이다.

평판이 미래다

이 세상의 모든 것을 하나의 제품으로 치환하여 생각해보면, USP를 갖는 것이다. USP는 광고학 마케팅의 대가인 로저 리브스가 주창한 제품 시대의 마케팅 이론이다. 모든 제품 광고에는 USP(Unique Selling Proposition) 즉, '독특한 판매 약속을 담아야 한다'는 이론이다. 하나의 제품이 상품으로 차별화되기 위해서는 USP를 갖추어야 하고, 브랜드의 독특한 속성과 효용과 가치가 필요한 것이다.

둘째, 남들이 가지 않는 좁은 길로 가야 한다. 차별화로 가는 두 번째 조건은 자신이 뛰어들 영역과 관련돼 있다. 남들이 다 뛰어드는 영역이 아닌 자신만의 틈새시장을 찾아야 한다. 바로 블루오션 전략이다.

사람들의 욕구와 관심 영역은 다양하다. 이 욕망과 욕구의 다양성에 차별성의 답이 있다. '나는 누구인가? 나는 무엇에 관심 있고, 나는 무엇을 하는가?'에 답을 해보면 알 수 있다. 리처드 바크가 쓴 세계적 베스트셀러 『갈매기의 꿈』에는 한 특별한 갈매기가 나온다.

"대부분의 갈매기는 비상의 단순한 사실, 즉 먹이를 찾아 해안을 떠났다 다시 돌아오는 방법 이상의 것을 배우려고 하지 않는다. 대부분의 갈매기에게 문제가 되는 것은 날아오르는 것이 아니라 먹는 것이다."

반면 '조나단 리빙스턴'이라는 갈매기는 다른 동료 갈매기와 달리 중요한 것이 '먹는 것이 아니라 나는 것'이라고 판단한 후 급강하, 공중제비 넘기, 저공비행, 방위점 회전, 뒤집어서 맴돌기, 바람개비 맴돌기 등 자신이 해볼 수 있는 모든 비행 방법을 시도해본다. 결국 조나단은 동료들에게 외면당한다. 그러나 조나단은 '가장 높이 나는 새가 가장 멀리 본다'는 사실을 나중에 깨닫는다.

김위찬, 르네 마보안의 『블루오션 전략』에서는 기업이 경쟁 속으로 뛰어들지 않고, 경쟁이 무의미한 비경쟁 시장 공간을 창출함으로써 유혈 경쟁의 레드 오션을 깨고 나올 수 있는 성공을 위한 미래전략 방법을 제시한다. 이것은 남들이 다 뛰어드는 시장이 아니라 새로운 시장과 새로운 기회에 도전하는 것이다.

셋째, 오리진이 되어라. 차별화로 가는 세 번째 길은 최초(the first)가 되는 것이다. 이것은 포지셔닝(positioning) 전략이다. 어떤 영역에서의 최고가 아니라 새로운 영역에서 최초가 되는 것이다. 지금까지 세상에 없는 가치를 새로 만들어내는 것. 기업의 창조 경영을 만들어내는 일. 문제가 있는 곳에 창의성과 독창성으로 최초의 아이디어로 만드는 해답과 대답을 찾는 것이다. 즉 통섭과 융합과 다양성으로부터 세상을 바꿀 아이디어를 찾아서 기원이 되는 것이다.

평판이 미래다

"더 좋은 상품을 만들지 말라. 더 나은 것이 아니라 세상에 없는 것을 만들 어라."

차별화를 위해 기존의 통념을 거부하고 새로운 세상을 창조하는 오리진이 되어라. 차별성의 획득은 경쟁전략이 아니라 남들이 가지 않는 새로운 길, 나 만의 길, 창조의 길을 찾는 것이다.

유일하라, 그리고 독점하라

기업의 경영자라면 시장에 팔 물건을 기획할 때, 소비자에게 어떤 제품과 서비스를 제공할지, 어떤 조건을 갖추어야 시장에서 성공할 수 있을지 고민 할 것이다. 그때 기업이 구사하는 전략이 바로 독점 전략이다.

알고 보면 현대인의 일상은 개개인에게 최적화된 수많은 독점 제품들로 구성돼 있다. 그들은 세상이 꼭 필요로 하는 가치를 제공함으로써 우리의 삶 깊숙이 들어와 유일한 존재가 됐다.

경영학의 대가 마이클 포터는 1985년에 『경쟁우위』라는 저서에서 '지속가 능한 경쟁우위'라는 매력적인 콘셉트를 제안했다. 당시 그가 제시한 경쟁우 위는 2가지로 '차별화'와 '낮은 원가'였다. 하지만 경쟁우위란 환경과 시대의 변천에 따라 변화한다. 지속 가능한 경쟁우위는 어디에 있을까?

시카고대학교의 밀렌드 M. 레레 교수는 경쟁우위보다 독점이 더 중요한 성공의 열쇠라고 말한다. '지속 가능한 경쟁우위는 아무것도 보장해주지 않는다. 수익성을 보장받고 생존하려면 독점적 위치를 가져야 한다.'라고 주장한다.

경쟁우위도 결국엔 독점으로 가기 위한 수단이다. 예를 들어 차별화된 상품, 규모의 경제, 낮은 원가, 유통 인프라, 숙련된 인력 등은 기업 목적이 아닌 수단이다. 그런데 경쟁우위라는 수단에 몰입하면 정작 기업이 추구하는 목적은 잃어버린다.

경쟁우위라는 무기가 필요한 이유는 안정적인 위치, 경쟁이 없는 대체불가능한 독점적 위치로 가기 위해서다. 레레 교수에 따르면 성공한 기업은 이길 만한 우위를 가지고 있어서 성공하는 것이 아니라, 자신만의 '독점 역량'과 '독점 공간'을 가지고 있기에 지속해서 성장한다. 기업의 비즈니스와 개인의 생존 전략도 전투에서 승리를 거두려면 나만이 독점하는 공간과 장소에서 또 다른 나만의 시장으로 들어가는 것이다. 그의 주장을 정리하면 이렇다.

"비즈니스는 독점과 독점이라는 성을 쌓는 게임이기에, 경쟁우위 전략에

평판이 미래다

앞서 독점 전략을 먼저 짜야 한다."

자, 그럼 독점 전략은 어떻게 짜야 할까? 유일한 사람이 되기 위해 어떤 조건이 필요할까?

새로운 독점공간은 다음 3가지 조건이 충족될 때 열린다.

1. 새로운 고객의 요구 등장(욕구와 필요)
2. 기존 경쟁자의 무관심 영역
3. 새로운 요구를 충족하는 역량의 획득

독점 공간이 만들어지는 조건이 3가지이듯, 독점을 이루는 방법과 전략 역시 크게 3가지로 요약할 수 있다. 바로 '하이테크', '하이터치', '하이로직' 접근법이다.

1. '하이테크'란 IT, BT, NT, RT 등 첨단 과학기술을 적용하는 것이다.
2. '하이터치'란 감성과 스토리의 결합, 사랑, 문화, 환대, 공감 등 감성을 적용하는 것이다.
3. '하이로직'이란 융합과 통섭, 창조력을 발휘하는 것이다.

이와 함께, 새로운 인재에게는 '디·스·통·공·유·의'가 필요하다. 즉 6가지 조건을 갖추는 것이다.

1. 디자인 능력

2. 스토리 능력

3. 통합의 능력

4. 공감의 능력

5. 유머

6. 의사소통의 능력

유일한 사람이 되려면 나만의 창의성이 필요하다. 이것은 파괴적 혁신에 해당한다. 피터 드러커는 혁신을 '기존의 자원이 부를 창출하도록 새로운 능력을 부여하는 활동'으로 정의했고, 하버드대학교 경영학 교수인 클레이튼 M. 크리스텐슨은 혁신의 종류를 '존속적 혁신', '로앤드 혁신', '파괴적 혁신'으로 분류했다.

존속적 혁신은 기존 우량 고객들의 만족도를 더욱 높임으로써 계속 고객으로 잡아두는 전략이다. 로앤드 혁신은 기존 고객 중에서 자주 이용하지 않는 기능이나 서비스에 과도한 가격을 지불하고 있다고 생각하는 고객을 타깃으로 삼는 것이다. 파괴적 혁신은 성능 개선보다는 파격적인 서비스 접근법으로 지금까지 외면했던 비소비, 비우호적 고객을 공략하는 방법이다.

평판이 미래다

이 3가지 분류는 나만의 독점 공간으로 향하는 3가지 길이기도 하다. 나만의 독점 공간에서 유일한 사람이 되기 위해, 기존 시장의 지배는 존속적 혁신으로, 신시장 개척은 로앤드 혁신과 파괴적 혁신으로 당신의 성을 지키기 바란다. 경쟁하지 말고 독점하라. 차별성을 가지고 우위를 점하라.

새로운 독점 공간의 3가지 조건

1. 새로운 고객의 요구 등장(욕구와 필요)
2. 기존 경쟁자의 무관심 영역
3. 새로운 요구를 충족하는 역량의 획득

독점을 이루는 방법

1. **하이테크** : IT, BT, NT, RT 등 첨단 과학기술을 적용하는 것
2. **하이터치** : 감성과 스토리의 결합, 사랑, 문화, 환대, 공감 등 감성을 적용하는 것
3. **하이로직** : 융합과 통섭, 창조력을 발휘하는 것

원칙 3 : 믿게 하라(신뢰성의 원칙)

"평판은 인지와 신뢰다.
기업평판은 기업이 잘 알려져 있는지, 좋고 나쁜지, 믿을 수 있는지로 나타난다."
- 레빗(Levit)

평판을 만드는 핵심 키워드, 신뢰

'신뢰'는 평판을 만드는 핵심 화두이자 키워드이다. 개인적 삶은 물론, 기업이나 사회를 넘어 국가마저도 신뢰 형성이 중요하게 됐다. 특히 사회가 극도로 분열되고 양극화되고 있는 시대에 개인과 기업들에게는 신뢰가 과거 어느 때보다 중요한 문제 해결의 열쇠가 됐다.

개인과 조직 사회에서 일어날 수 있는 모든 인간관계의 불협화음을 유발

평판이 미래다

하는 원인을 정확히 직시하면, 그것을 풀어나갈 핵심방안도 신뢰를 얻는 것임을 알아야 한다. 불화와 반목, 냉대와 소외, 비판과 반대를 물리치고 충성과 협력을 얻어 생산적이면서도 조화와 상생을 추구하는 방법도 신뢰에 바탕을 두고 있다.

사람들은 귀와 눈으로 상대방의 신뢰성을 판단한다. 말과 행동이 신뢰의 판단 기준이라는 얘기다. 우리는 모두 각자의 안경과 렌즈를 통해 신뢰를 인식하고 있기 때문에 우리에게는 신뢰를 이해하는 공동의 언어가 반드시 필요하다.

신뢰성은 평판을 강화한다. 우리는 신뢰받는 기업을 진실하고 순수하며 정확하고 의지할 수 있으며 든든하게 여긴다. 기업의 신뢰성에 대한 인식은 평판 관리와 깊은 관련성이 있다. 의혹을 불러일으키지 않으려면 기업은 이해관계자들과의 상호작용에서 절대 정직성을 고수해야 한다. 이해관계자 가운데 한 명만 불신하게 되어도 다른 이해관계자들과 커뮤니케이션을 할 것이고 이해관계자 모두 기업에 대해 느끼는 지지도는 떨어지고 말 것이다.

신뢰를 얻는다는 의미는 무엇일까? 그것은 다름 아닌 믿음을 준다는 것이다. 믿음의 의미는 주장과 행동의 간격을 좁히는 것이다. 다시 말해 당신이 누구인가와 당신이 말하는 것과 행동하는 것, 이들의 틈새를 좁힌다는 의미다.

이것을 성취하는 것은 쉬운 일이 아니며, 신뢰성을 얻자면 기업이 행하는 모든 행동의 원칙을 선의로 포장해야 한다.

신뢰는 필연적으로 기업 내부의 산물이다. 그것은 기업의 뛰는 심장을 찾아내기 위한 탐사 과정에서 시작된다. 기업의 뛰는 심장이란 기업 활동의 핵심을 의미하며 기업이 무엇인지를 알려준다. 이런 탐사는 최고경영층의 리더십에서 시작되어 중간 관리자들의 지원, 기업의 존재 이유인 기업의 핵심가치와 목적에 대해 종업원들과 대화를 이어가는 과정으로, 여기에서 신뢰가 발생한다.

이 과정에 뒤이어 종업원들 간의 이윤분배에 대한 외부의 인정을 얻어내고자 하는 내부의 소통 과정이 나타난다. 만약 종업원들이 소비자, 공급자, 투자자, 공중과 일상적인 상호작용을 하면서 소속기업이 공유하고 있는 가치를 표출하지 않는다면 그 기업은 신뢰를 얻을 수 없다. 종업원들이 마치 한 사람이 말하듯이 할 필요는 없으나, 적어도 그들의 답변은 서로 조화를 이루어야 한다.

궁극적으로 밖에서 믿음직하게 보이고 인정받으려면 기업은 이해관계자 모두에게 눈에 띄는 방식으로 자사의 기업 활동에 대한 핵심 본질을 전하기 위해 외부 표출 과정에 착수해야 된다. 이 외부 표출은 대개 메시지를 만들어서 감성 소구를 하는 이니셔티브 행사와 관련돼 있다.

감성 소구는 기업을 바라보는 많은 이들 사이에 신뢰감, 존경심, 호의도의 긍정적 느낌을 촉발한다. 또한 외부 표출은 기업의 책임을 표현하는 것이다. 서비스 약속이 제대로 이행되지 않았을 때, 이해관계자들의 기대가 충족되지 못했을 때, 기업은 죄인 신세로 몰락하고 말 것이다. 재난을 외면했다가는 반드시 평판 추락을 맛보게 될 것이다. 반면 기업이 책임을 지는 태도는 신뢰를 불러일으킨다.

켄 블랜차드의 ABCD 신뢰 모델

세계적인 베스트셀러 『칭찬은 고래도 춤추게 한다』의 저자이자 경영관리와 리더십의 권위자인 켄 블랜차드가 '칭찬' 이후 강력한 시대적 화두로 '신뢰'를 제시하고, 'ABCD 신뢰 모델'을 제시했다.

그는 책 속에서 개인들이 가지는 신뢰 형성 요소들을 소개하고, 신뢰 가치 영역에서 자신의 강점과 취약점을 평가하는 방법을 제시했다. 이어서 '신뢰 파괴' 요인들과 '신뢰 진작' 요인들을 분석했다. 내용을 간략히 요약하면 다음과 같다.

신뢰는 4가지 영역을 행동으로 보여주었을 때 형성된다.

첫째, 역량과 기술을 보여주는 모습, 즉 자신에게 능력이 있다는 것(Able)을 보여줘야 한다.

둘째, 정직하고 성실하게 행동하는 모습, 즉 자신이 진실하고 믿을 만한 존재라는 것(Believable)을 보여줘야 한다.

셋째, 다른 사람을 배려하는 모습, 서로 연결되었다는 것(Connected)을 보여줘야 한다.

넷째, 신용을 지키는 모습, 즉 자신이 지속해서 믿음을 주는 존재라는 것(Dependable)을 보여줄 수 있어야 한다.

손상된 신뢰를 복구하는 5단계

최선의 호의에도 불구하고 가끔 상대방의 신뢰를 잃는 경우가 생긴다. 신뢰에 대한 인식이 사람마다 서로 다르기 때문에 오해나 감정 충돌이 빈번하게 일어난다. 신뢰가 너무 심각하게 훼손돼서 인간관계가 완전히 무너지거나 무너지기 직전의 상태에 이르기도 하는데, 우리는 그것을 '손상된 신뢰'라고 부른다.

만약 위험을 감수하고도 도전할 가치가 있다면, 신뢰 관계를 복구하고 인간관계를 개선하기 위해서 다음과 같은 5단계를 따라 대화를 시도하는 것이 바람직하다.

1단계, 문제를 인식하라

손상된 신뢰를 복구하기 위한 첫 단계는 문제를 인식하고 해결할 필요를 다짐하는 것이다. 신뢰를 쌓기 위한 대화를 시도하려면 용기가 필요하다. 일단 문제를 인식한 다음에는 신뢰를 복구하려는 당신의 진심과 의지를 상대방에게 명확하게 보여주어야 한다.

2단계, 자신의 책임을 인정하라

그다음 단계는 손상된 신뢰에 대해 당신에게 책임이 있다는 것을 인정하는 것이다. 당신의 잘못된 행동들을 고백하고 그로 인해 상대방이 손실을 보았다면 기꺼이 책임을 져야 한다. 자신에게 잘못이 없다고 느낄지라도 상황을 그렇게 되도록 내버려둔 책임은 인정해야 한다. 자신의 책임을 인정하는 것은 결코 간과해서는 안 될 결정적인 과정이다.

3단계, 진정성 있는 사과를 하라

손상된 신뢰를 복구하는 세 번째 단계는 자신의 행동에 대해 사과하는 것이다. 그러려면 자신을 낮추는 겸양의 지혜가 필요하다. 스스로 잘못이 없다고 느낄지라도 상황을 그 지경으로 만든 것에 대한 책임을 일부분 사과해야 한다. 당신의 행동 때문에 손실이 야기되었다면 그것에 대해 진정으로 유감을 표현하고 다시는 재발시키지 않겠다고 상대방에게 약속해야 한다.

4단계, 부정적 행동들에 대해 함께 평가해보라

손상된 신뢰 관계에 대해 상대방으로부터 의견을 들어라. 그리고 ABCD 신뢰 모델의 4테마 중 어느 영역에서 문제가 있었는지 둘이 함께 평가해보자. 신뢰를 손상시킨 행동들을 좀 더 구체적으로 확인할수록 관계복구는 쉬워진다. 개선을 위해 무엇이 필요한지 더 명백하게 알 수 있기 때문이다.

5단계, 실천할 수 있는 계획을 함께 마련하라

손상된 신뢰를 복구하기 위한 마지막 단계는 실천 계획을 함께 마련하는

평판이 미래다

것이다. 양쪽 모두의 인식 차이를 서로 이해하고 문제가 된 '신뢰 파괴 요인'들을 확인한 상태이므로 이제 앞으로 어떤 '신뢰 진작 요인'들을 활용할지 결정한다. 바람직한 신뢰 관계라는 공동의 목적을 다시 한 번 서로 다짐하며, 앞으로 상대방이 어떤 행동을 하기를 바라는지 부탁한다.

모든 관계에서 신뢰 형성은 중요하다. 만일 당신이 영향력을 행사할 수 있는 리더의 자리에 있다면 특히 그 중요성은 배가된다. 만일 당신이 중요한 책임을 지는 리더라면 당신은 많은 잘못을 저지르면서도 자리를 보전할 수 있다. 하지만 신뢰를 잃는 것은 피할 수 없을 것이다.

신뢰는 까다롭다. 쌓기까지는 오랜 시간이 걸리지만 한순간에 날아가기도 한다. 단 한 번 실수하거나 일관성을 벗어난 것만으로도 당신의 행동을 지켜보며 신뢰를 보내던 사람이 등을 돌리는 경우가 발생한다. 더군다나 비즈니스의 세계에서 신뢰가 중요하다는 것은 당연한 명제다. '신뢰 부족'은 계약의 파기에서 자주 입에 담는 주제이기도 하다.

신뢰를 얻고 꾸준히 유지하는 일은 어렵다. 그러나 그만큼 신뢰가 평판에 주는 영향은 크다. 오랜 시간에 걸쳐 쌓인 신뢰는 산발적으로 터져나오는 어떤 이슈들보다 더 굳건히 좋은 평판을 유지시켜줄 것이다.

원칙 4 : 투명하게 하라(투명성의 원칙)

"경영이 투명한 기업은 이해관계자들이 기업을 제대로 볼 수 있게 해준다."

투명성은 평판을 구축, 유지, 방어한다

"우리 지도자들이 진실을 은폐하거나 지도자들이 사실에 근거하지 않은 것을 말하거나 대안처럼 제시하면 안 됩니다. 그것을 국민이 의심 없이 받아들인다면 민주주의는 위험에 빠지게 됩니다."

트럼프 행정부 초대 국무장관이었던 렉스 틸러슨 전 장관은 해임된 뒤 참석한 첫 공식행사에서 이렇게 말했다. 연설에서 그가 특정인을 언급하지는

평판이 미래다

않았지만, AP통신에서는 이 이야기가 트럼프를 겨냥한 것이라는 평가가 나오고 있다. 트럼프의 투명성에 대한 지적이다.

투명한 기업은 다른 기업보다 스스로 더 많은 정보를 제공한다. 그리고 기업은 논쟁적 이슈에 대해 이해관계자와 대화할 수 있는 더 많은 장을 마련한다. 투명성에 대한 1차적 척도는 주식 소유권, 이사회의 경영 구조, 관계자와 접촉할 수 있는 접촉점을 포함하는 재무 정보에 대한 투명성뿐만 아니라 이해관계자 각자가 관심을 가지는 정보를 포함한다. 정보 접촉이 가능하지 않은 기업은 일반적으로 불투명한 기업이다. 투명성은 기업에 대한 신뢰를 만들고 흥미를 느끼는 이해관계자들에게 기업의 주장을 입증해줄 수 있는 기반이 된다.

그렇다면 투명성이란 무엇인가? 투명에 대한 사전적 의미는 '조금도 흐린데가 없이 속까지 환하게 보인다'는 것이다. 사람의 말이나 태도, 펼쳐진 상황 따위가 분명하거나 앞으로의 움직임 또는 미래 전망 등을 예측할 수 있는 것을 의미한다. 기업의 경영활동과 기업 투명성은 기업의 현재 운영과 미래의 전망을 정확하게 평가하려는 이해관계자들에게 필요한 모든 관련 정보를 명확히 하는 데 의미가 있다.

경영이 투명한 기업은 이해관계자들이 기업을 제대로 볼 수 있게 해준다.

즉 해당 기업에 대해 그들이 보고싶어 하는 것은 무엇이든지 볼 수 있게 해준다. 이것이 기업의 투명성이다. (Fombrun & Van Riel, 2003, 2004) 기업 투명성의 정의를 살펴보면 다음과 같다.

IMF(1988)는 기업의 투명성을 '기존의 조건, 의사결정 및 행동 등에 대한 정보 접근이 가능하고, 가시적이며 이해할 수 있도록 만들어가는 과정'으로 정리했다. 그리고 스탠더드앤드푸어(S&P, Standard & Poor's)는 투명성을 '기업의 운영과 재무상태 그리고 기업관리 방침에 대한 적절한 정보를 시의성 있게 드러내는 것'이라고 정의했다.

일반적으로 국제사회에서는 기업이 제공하는 투명성 및 책임성과 관련된 정보는 최소한 적시성, 완결성, 일관성, 위험관리, 감사와 통제과정 차원의 요소를 담고 있어야 한다는 합의가 있다. (IMF, 1988) 이를 좀 더 구체적으로 설명하면 다음과 같다. 첫째, 적시성은 중요한 정보를 정기적으로 적기에 공개해야 함을 의미한다. 둘째, 완결성은 재무보고서가 모든 관련 거래를 포함하고 있어야 함을 뜻한다. 셋째, 일관성은 회계정책과 방법들이 일관성 있게 적용되어야 하고 변동이 있을 때는 그 내용과 효과를 공시해야 함을 의미한다. 넷째, 위험관리는 위험관리를 위한 전략이 공시되어야 함을 의미한다. 마지막으로 감사와 통제 과정은 기업이 내부 통제를 위한 효과적인 시스템을 가져야 하며, 재무 보고서는 독립된 감사인에게 매년 점검받아야 함을 뜻한다.

평판이 미래다

기업의 업무 운영이 투명해지면 강력한 평판이 만들어진다. 소비자를 대상으로 광범위하게 커뮤니케이션하는 기업에 대해 소비자는 더욱 강력한 평판을 실어준다. 반대로 만약 기업이 공중과 커뮤니케이션을 회피하면 공중을 잃어버리게 된다. 이런 기업은 보통 내부 작업에 대해 최소한의 정보만 제공하거나 자기가 무엇을 어떻게 왜 하고 있는지 드러내고 싶어 하지 않는다.

투명성은 평판을 구축, 유지, 방어하는 데 도움을 준다. 기업이 자신에 관한 유용한 정보를 더 많이 더 좋게 제공하면 대중은 그 기업을 더 믿을 만하며 책임이 있다고 인식한다. 투자자와 애널리스트가 기업의 가치에 대해 믿을 만한 평가를 하려면 충분한 정보공개가 필요하다. 금융시장은 기업 재무제표의 진실성과 재무상태 보고서 작성 및 보고책임이라는 전체 시스템의 진실성에 크게 의존한다. 확실히 투명성은 대중적 신뢰의 핵심으로, 잘못 대응할 때는 기업평판의 약점으로 작용할 수 있다.

투명성을 확보하라

투명한 사람, 투명한 기업은 숨기지 않는다. 알고 싶거나 보고 싶은 것을 무엇이나 보여준다. 과거와 현재뿐 아니라 미래 전망에 관해 정확한 평가를 하려고 하는 이해관계자에게 필요한 모든 정보를 얻게 해준다.

공식적으로 스탠더드앤드푸어(Standard & Poor's)는 기업의 투명성과 공개성을 알기 위해 미국, 유럽, 라틴아메리카, 아시아의 1,500개 기업을 대상으로 98개 목록에 관한 공개된 행적에 대해 조사했다.

조사 결과를 보면, 투명성과 공개성 등급이 높은 기업일수록 시장에서의 위험은 점점 더 낮아진다. 게다가 연례보고서를 기반으로 한 더 높은 T&D 등급을 가진 기업은 장부가 대비 더 높은 시장 가치를 가지는 경향이 있다.

스탠더드앤드푸어의 조사는 기업이 더 높은 투명성과 공개성을 제공함으로써 자기 자본 비용을 낮출 수 있다는 사실도 보여준다. 또한 스탠더드앤드푸어의 분석을 통해 공개된 기업의 모든 정보가 시장에서의 위험 및 가치평가와 아주 높은 상관관계를 맺고 있다는 주요한 사실도 알아냈다.

기업은 언론, 광고, 기사, 책, 뉴스레터 등을 통해 충분하게 커뮤니케이션한다. 웹사이트가 제공하는 강연, 보고서, 연설, 성명서 등을 통해 기업의 내부 동향과 운영 상태를 실제와 거의 다름없이 꼼꼼하게 살펴볼 수 있다. 인터넷과 같은 기술의 발달은 기업 활동을 대화방, 뉴스그룹, 온라인, 사설 등의 경로를 통해 빠르게 알려지도록 촉진한다. 얼핏 보면 대개 기업은 상당히 많은 양의 경영 정보를 공개하는 듯 보인다.

그러나 좀 더 자세히 살펴보면 기업과 그들의 경영활동이 매우 불투명하고 애매모호해 보인다. 최고 경영인과의 직접적인 물리적 접촉은 사실 어렵다. 경영진 중의 한 사람을 만나기 위해서는 상당한 인내심이 필요하며 그들을 만날 수 있도록 주선할 적절한 접촉이 필요하다.

경영인과 약속을 미리 해야 하고, 방명록에 기록하고 방문증을 받고 안내를 받아야 하는 번거로운 절차를 밟다 보면, 정작 기업 내부의 고급 정보를 접할 기회는 점점 어려워진다.

분명한 점은 모든 사람이 환영받지 못한다는 사실이다. 그리고 기업과의 직접적인 접촉은 고위 관리층과 연관이 있는 특별히 허가된 소수로 제한돼 있다. 그래서 진실하고도 완전한 투명성은 단지 환상일지도 모른다. 그러나 외부 관찰자는 점점 투명성을 주장하고 있고, 많은 기업은 투명성을 한층 더 높이기 위해 적극적으로 연구하고 있다.

그렇다면 평판이 좋은 기업은 어떻게 그들의 투명성을 관리할까? 결론은 다음과 같다. 더 나은 평판을 가진 기업이 그들의 경쟁 기업보다 투명성을 더 많이 확보한다. 그리고 그들의 재무상태를 좀 더 정확하게 공개할 뿐 아니라 내부 운영 상태에도 좀더 가시적이고 접근하기 쉽게 한다. 투명성 그 자체는 목표가 아니라 수단과 목적이라는 사실을 증명함으로써 신뢰를 증가시키고 주주들이 가지는 기업에 대한 불확실성을 감소시킨다.

기업은 투명성을 지켜야 한다. 제품과 서비스, 비전과 리더십, 재무성과, 사회적 책임, 근무환경에 대해 투명하라. 무엇을 얼마나 투명하게 공개하느냐에 따라 평판이 달라질 것이다.

공기업의 부도덕한 행위는 공분을 일으킨다

국민이 민간기업보다 공공기업의 불법행위에 더욱 분개하는 이유는, 고용안정이 보장되고 업무 강도가 낮은 것 같은데도 직원들이 불법적인 사리사욕까지 챙기기 때문이다.

무엇보다 민간기업의 손실은 기업에 투자한 주주들에게만 영향을 미치지만, 공공기업의 손실은 국민이 낸 세금으로 해결해야 한다. 그런데 문제는 공공기업 사업 손실의 규모가 수백억 원은 예사이고, 수천억 원에서 수조 원에 이르는 곳도 한두 군데가 아니라는 것이다.

지난 2013년 강원도민이 김모 전 강원도 지사를 검찰에 고발한 이유도 이와 관련이 있다. 지방 공기업인 강원도 개발공사는 2004년에 종합리조트 공사를 시작했다. 그러나 7차례 계획변경을 하며 원래 1조 1,245억 원이었던 예산이 1조 6,836억 원으로 늘었다. 엎친 데 덮친격으로 분양률은 20%를 겨우 넘겼고 2011년 부채비율은 344%에 이르렀다. 하루에 내야 하는 이자만 1억 원이 넘고, 강원도의 순손실은 461억 원이다. 검찰은 김 전 지사에 대해 무혐의 판정을 냈다. 결국 손실에 대해 강원도와 중앙정부가 부담하게 된 것이다.

게다가 최근 잇단 채용 비리 등으로 공공기관을 바라보는 국민의 시선이 곱지 않은 것도 사실이다. 한국전력을 비롯한 공공기관들은 업무 성격에 따라 다양한 역할 모델을 제시하고 실천하는 등 국민의 기대에 부응하기 위해 노력하고 있지만 여전히 어이없는 사건·사고가 빈발하고, 임직원의 비윤리적인 행태와 비효율이 상존한다. 그것은 그동안의 개혁이 가시적인 성과를 보여줄 수 있는 부분이나 드러난 문제점에 치중했기 때문이다.

이제부터는 정량적인 성과 외에 국민이 생활 속에서 체감하는 공공성과 공익성 등의 공적 가치 창출로 정성적인 평판 관리에도 실효성을 높여야겠다.

06

원칙 5 : 일관되게 하라(일관성의 원칙)

"기업이나 브랜드는 기본 포지션이 결정되면 강인하게 끌고 나가야 한다."

포지셔닝은 누적 전략이다

말보로(Marlboro)는 저녁노을 속에 말을 탄 남자가 사라져가는 광고를 몇 년째 계속하고 있으며, 크레스트(Crest) 치약의 '충치와의 싸움'이란 메시지도 1950년대 론칭 이후 현재까지 지속되고 있다.

평판이 좋은 기업은 모든 사람에게 보여주는 행동과 커뮤니케이션이 일치한다. 일관성이 있다는 의미다. 또한 이해관계자는 기업의 메시지 내용이 일관성이 있다고 인식할 때 메시지를 더욱 잘 받아들이는 경향이 있다. 이는 기업이 그들의 노력에 대해 얼마나 쉽고 조리 있게 말하는가를 포함한다.

기업 이야기는 지속 가능해야 한다. 기업은 모든 이해관계자의 경쟁적 요구와 기업이 선호하는 선택 사이에 균형을 알아내고 유지해야 한다. 그리고 기업의 평판 플랫폼과 거기서 파생되는 기업 이야기는 기업 전반의 내용과 최소한의 공통점을 가져야 한다. 그러나 아직 변수가 너무 많다. 기업이 일관성을 더욱 강화하기 위해 사용하는 중요 도구는 시각 정체성이다. 기업은 상호, 로고, 색깔, 활자체 등을 일관된 정책에 따라 운용하고 있다. 그렇게 함으로써 이해관계자들은 기업이 제시하는 일관된 시각적 단서에 노출된다.

한번 구축된 평판은 관성이 있어서 바꾸기 힘들다. 기업의 이미지와 포지셔닝도 마찬가지다. 공중의 인지를 얻기 위해서는 강력하고 일관된 메시지가 필요하다. 기업의 일관성이란 기업의 강력한 평판 플랫폼을 구축하기 위해, 모든 이해관계자 집단과 기업의 커뮤니케이션 이니셔티브에 일관되게 행동하는 것이다.

정보과잉 사회에서는 기업과 개인에게도 끊임없는 변화가 일어난다. 눈이 돌아갈 정도로 빠르게 새로운 뉴스가 탄생하고, 빠르게 새로운 아이디어가 나타났다가 사라진다. 이런 변화에 대응하기 위해서는 장기적인 안목으로 변치 않는 콘셉트를 갖는 것이 중요하다. 기업이나 브랜드는 기본 포지션이 결정되면 강인하게 끌고 나가야 한다. 포지셔닝은 누적 전략이다. 장기적으로 광고해야 효과가 나타난다. 몇 년이고 상관없이 같은 전략으로 계속해야 한다. 성공하고 있는 기업은 절대로 그들이 가진 승자의 자리를 내놓지 않는다.

변화가 빠른 만큼 기업도 전보다 더욱 전략적으로 사고하지 않으면 안 된다. 그러나 약간의 예외를 제외하고 기업은 절대로 기본 포지셔닝 전략을 바꾸지 말아야 한다.

일관성을 확보하라

일관성은 최고의 기업이 갖는 중요한 특징이다. 일관성은 평판 플랫폼을 채택하고, 기업의 정체성을 만들고, 통합 커뮤니케이션을 수행하며 평판 강화 테마에 대한 일관된 콘셉트를 가지고 이해관계자에게 주입함으로써 이루어질 수 있다.

일관성을 확립하기 위해서 다음 4가지 주요 조건을 제시한다.

첫째, 기업을 둘러싼 모든 이해관계자에게 신뢰받을 수 있는, 적절하며 현실적인 플랫폼을 만들어라.

둘째, 매력적인 이야기와 쉽게 기억할 수 있는, 최소 2개 이상의 감성적 동기에 기초한 기업 이야기를 만들어라.

셋째, 기업 이야기를 보도하고자 하는 미디어에 관심을 끌 만한 심벌을 첨가하라.

넷째, 기업 이야기를 표현하기 위한 호소력 있는 채널을 개발하라. 광고나 PR, 혹은 사회적 이니셔티브, 최고경영자(CEO)의 개인적 브랜딩 등을 통해 매력 있는 채널을 개발하라.

일관성 확보를 위한 4가지 조건

1. 기업을 둘러싼 모든 이해관계자에게 신뢰받을 수 있는, 적절하며 현실적인 플랫폼

2. 매력적인 이야기와 쉽게 기억할 수 있는 최소 2개 이상의 감성적 동기에 기초한 기업 이야기

3. 기업 이야기를 보도하고자 하는 미디어에 관심을 끌 만한 심벌

4. 기업 이야기를 표현하기 위한 호소력 있고 매력적인 채널

172

벤츠는 오랫동안 안전, 신뢰, 건전한 장기투자의 선두주자로 여겨졌다. 그리고 어쩌면 자사의 일관적 캠페인 때문이겠지만 광고 집행에 따른 자사 브랜드에 대한 구매집단의 충성도는 다른 브랜드보다 훨씬 높다는 사실을 깨달았다.

충성심이 충성심을 낳는다. 기업의 일관성을 마케팅의 관점에서 볼 때, 고객 충성도(Loyalty) 프로그램 개발도 도움이 된다. 기업의 가치 있는 로열티 프로그램의 희망과 목표는 고객이 경쟁사로 이탈하는 것을 막고 시장점유율을 높이며 구매를 늘리는 것이다. 고객은 스스로의 선택에 따라 이러한 프로그램에 참여하는 것이므로 더욱 기꺼이 기업이 보내는 메시지에 귀를 기울이고 관계를 맺고 싶어 한다.

로열티 프로그램을 가장 의미 있게, 효과적으로 이용하는 브랜드는 코카콜라다. 2006년 초 코카콜라는 '마이 코크 리워즈(My Coke Rewards)'라는 이름의 고객 로열티 마케팅을 시작했다. 코카콜라 제품의 특별포장에 있는 코드를 웹사이트에 입력하면 이 코드를 가상점수로 전환해 영화티켓, 의류, 음악같은 다양한 상품으로 교환할 수 있게 했다. 이중 특히 인기 있던 것은 극장에서 코카콜라 음료를 사면 무료로 팝콘을 주는 것(25점)부터 주문형 비디오 서비스 봉고의 30일 무료 사용권(250점)까지 다양했다. 2006년 2월부터 2007년 8월까지 총 6,000만 개 이상의 코드가 입력되었으며, 총 1억 점이 상품으로 교환되었다.

프리미엄 스포츠화로 운동화 시장의 선두주자인 나이키는 프로 스포츠맨과 러닝 운동 애호가들을 메인 타깃으로 일관된 캠페인을 벌여 성공했다. 나이키는 시장에서 1인자 자리를 놓친 적이 없다. 이 기업의 창립자인 필 나이트와 빌 바워먼은 동업해 와플 틀로 육상 선수들이 신는 고성능 깔창을 만들었다. 사업을 시작한 1960년대에 고급 운동화 시장을 새롭게 창출해 냈다. 1980년대가 되자 나이키는 미국 운동화 시장의 50%를 점유했다.

나이키는 초기 런칭 캠페인을 '누가 나이키를 신는가'라는 주제로 진행했다. 이 캠페인에 마이클 조던을 비롯한 세계적 스포츠 영웅들을 모델로 활용해서 일류브랜드 이미지를 만들었다.

TV 광고를 처음 시작한 것은 1982년부터지만, 나이키가 만드는 광고에는 멋지고 매끈한 유명 인사들이 가득했다. 그 후 20년간 매출은 급증했고, 경쟁자로 등장한 아디다스, 리복, LA기어 등의 위협에도 일관된 메시지로 일관성을 유지했으며 경쟁사를 압도했다. 2005년 나이키는 매출 137억 달러에 수익 12억 달러를 달성했다.

그러나 아디다스가 리복을 합병해 160억 달러의 2인자가 되었으며, 전문선수를 위한 고성능 제품에 초점을 맞춘 신생기업 언더아머라는 브랜드가 홀연히 나타나 6억 700만 달러라는 매출을 올렸다. 이들 경쟁사의 압박은 그 어느 때보다 강력했다.

그러나 나이키는 일관성이라는 무기를 버리지 않았다. 1980년대에 사용했던 마케팅 접근법을 보강해 훨씬 더 과거인 본래 뿌리로 돌아가 열성적인 운동애호가 집단에 자신을 다시 알리는 방식으로 '발 건강' 소문을 만들어내기 시작했다. 나이키는 운동 애호가 집단에 초점을 맞추고 '그들에 대한 서비스'라는 단어를 자주 사용했다. 나이키의 전략은 곧 2006년, 나이키 플러스라는 브랜드 출시로 자연스럽게 이어졌다.

나이키는 애플과 손잡고 운동화에 심어진 칩과 아이팟 동기화 소프트웨어를 결합한 시스템을 만들었다. 이를 통해 달리기하며 음악을 듣는 수많은 조깅족들에게 훨씬 더 훌륭한 경험을 제공할 수 있었다. 나이키 플러스의 성공을 이끌어낸 나이키 연구소장 마이클 차오는 이렇게 말했다.

"나이키 플러스가 성공을 거둔 이유는 운동을 더 잘하기 위해 필요한 도구를 전 세계 모든 소비자에게 제공하기 때문입니다. 이것은 수많은 사용자와 우리 브랜드 사이에 깊은 관계를 유지해주는, 없어서는 안 될 서비스가 되었습니다."

나이키의 일관된 마케팅 콘셉트는 '가치 마케팅'이라는 개념이다. 나이키는 이 개념을 달리기 이외에 다른 스포츠에도 확장하고 있다.

나이키는 브라질의 축구 스타 호나우지뉴의 숨 막히도록 멋진 모습을 담은 2분 46초 동영상을 텔레비전이 아닌 온라인에 올려 유튜브 한 사이트에서만 1,700만 조회 수를 올렸다. 농구를 사랑하는 사람들을 위해서는 프로 트레이너 팀 그로버가 직접 만든, 운동 방법이 담긴 쌍방향 온라인 트레이닝 도구 '조던 브랜드 아침 식사 클럽'을 아이팟으로 다운로드받을 수 있게 했다. 12만 명이 넘는 사람들이 이 사이트에 가입했으며 로그인 후 평균 6분 이상 머문다.

달리기나 축구, 농구 애호가들은 나이키의 이 일관된 메시지와 마케팅 접근법을 마음에 들어 했으며, 나이키의 주주들도 나이키와 사랑에 빠질 수밖에 없었다.

기업의 일관성 구축에 사용되는 몇몇 도구는 곧바로 실행할 수 있는 것들이다. 정밀한 가이드라인 개발, 일반 로고의 사용, 논리적 브랜드 구성의 채택, 커뮤니케이션 계획 구축, 인트라넷과 엑스트라넷의 구축, 표준화된 측정과 추적 등이 그것이다. 그러나 나머지 다른 도구는 구축하기가 더욱더 어렵고, 기업의 최고 경영진들이 형성한 사례에 많이 의존하고 있는 것들이다. 만약 기업이 정말로 일관성을 가지길 원한다면, 기업의 리더들은 매일매일 좋은 사례를 축적해나가야 한다.

궁극적으로 일관성은 모든 이해관계자 집단과 커뮤니케이션하는 활동과 연관이 있다. 대부분의 기업은 소비자에게 편견을 가질 수 있고 오해할 수 있으며 마케팅 커뮤니케이션의 중요성을 지나치게 강조하는 경향이 있다. 광고 예산안은 일반적으로 다른 커뮤니케이션 제안서에 할당된 예산을 축소 시킨다. 그럼에도 불구하고 일관성은 미디어가 이해관계자로부터 지지를 얻는 데 비용면에서 더욱 효과적이라는 증거가 있다. 그러므로 평판 관리자가 되고 싶다면, 소비자와 투자자에 대한 평판 구축 관련 비용이 큰 기업일수록 강력한 평판 구축과 함께 탁월한 비즈니스 성공 스토리를 만들어야 한다는 것을 명심해야 한다.

평판 관리 5원칙 중 최고의 기업이 가진 평판의 특징을 꼽는다면 단연 '일관성'이다. 앞에서 예시로 든 말보로, 코카콜라, 나이키 등은 세계적으로 성공했고 좋은 평판을 가진 기업들이다. 이외에도 '성공한 기업'이라는 이름표를 단 기업이라면 그들이 가진 대표 이미지 혹은 캐치프라이즈가 반드시 있다. 이처럼 오래 기억되는 기업은 일관성을 가지고 있다.

세계 최고의 기업을 만드는 평판 관리 5원칙

기업은 평판 관리를 위해 어떤 법칙과 원칙을 따라야 할까?

이 세상 모든 성공과 성취는 평판으로부터 나온다. 강력하고 확고한 평판을 얻기 위해서는 엄격하게 준수하는 몇 가지 원칙이 있어야 한다.

1. 가시성의 원칙 : 보이게 하라

모든 커뮤니케이션의 시작은 누군가에게 다가가는 것이며 노출되는 것이다. 보여주고 과시하는 것이다. 그러나 기업평판에서 가시성은 양날의 칼과 같다. 눈에 잘 띄는 것이 오히려 평판에 역효과를 가져올 수도 있다.

2. 차별성의 원칙 : 다르게 하라

명성이 뛰어난 개인이나 최고로 여겨지는 기업의 특징은 다름 아닌 차별성이다. 고객의 선택엔 이유가 있으며, 기업은 고객이 선택할 수 있는 확실한 이유를 만들어야 한다. 차별성 구축에 필요한 성공전략은 최고(the best)가 아니라, 유일함(the only)이다.

3. 신뢰성의 원칙 : 믿게 하라

'신뢰'는 평판을 만드는 핵심 화두이자 키워드이다. 신뢰성은 평판을 강화한다. 신뢰받는 기업은 진실하고 순수하며 정확하고 의지할 수 있으며 든든하다고 여긴다. 신뢰는 까다롭다. 쌓기까지는 오랜 시간이 걸리지만 한순간에 날아가기도 한다.

4. 투명성의 원칙 : 투명하게 하라

경영이 투명한 기업은 이해관계자들이 기업을 제대로 볼 수 있게 해준다. 숨기지 않는다. 제품과 서비스, 비전과 리더십, 재무성과, 사회적 책임, 근무환경에 대해 투명하라. 무엇을 얼마나 투명하게 공개하느냐에 따라 평판이 달라질 것이다.

5. 일관성의 원칙 : 일관되게 하라

일관성은 최고의 기업이 가지는 중요한 특징이다. 한번 구축된 평판은 관성이 있어서 바꾸기 힘들다. 평판이 좋은 기업은 모든 사람에게 보여주는 행동과 커뮤니케이션이 일치한다. 공중의 인지를 얻기 위해서는 강력하고 일관된 메시지가 필요하다.

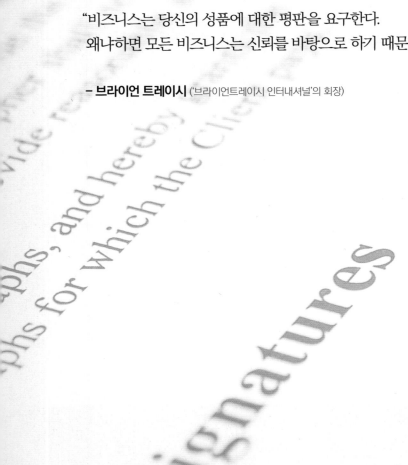

"비즈니스는 당신의 성품에 대한 평판을 요구한다.
왜냐하면 모든 비즈니스는 신뢰를 바탕으로 하기 때문이다."

– 브라이언 트레이시 ('브라이언트레이시 인터내셔널'의 회장)

Photographer's Signature

"이제껏 나는 최고의 유통회사를 만드는 일에만 주력해왔다.
개인적인 부를 축적하는 것은 내 관심 밖의 일이었다."

– 샘 월튼 ('월마트'의 창업자)

"평판 자본은 기업의 주식에 대한 평가 자산이지 사회적 자산으로 기업이 주주들과 함께 일구어낸 속성이며, 그 기업과 브랜드가 획득한 존경받는 이미지이다."

– 찰스 J. 폼브런, 시스 B. M. 반 리엘 (로테르담 비즈니스스쿨의 기업커뮤니케이션 교수)

PART 4

최고의 리더는
반드시
평판을 관리한다

"가치관이 행동을 좌우하고,
 행동이 평판을 좌우하고, 평판이 이윤을 좌우한다.
 평판은 하루나 일주일, 한 달 만에 만들어지지 않는다.
 한 번에 모래 한 알씩 쌓인다."

 – 워런 버핏 ('버크셔해서웨이'의 CEO)

평판은 쌓는 데 20년,
무너지는 데 5분이다

"기업도 개인도 평판이 보이지 않는 힘이라는 사실을 자각하고
자신의 명성 관리는 물론이고 위기 관리의 근원으로서
평판 관리의 새로운 전략을 모색해야만 한다."

왜 그들은 몰락했는가 :
땅콩 회항과 물컵 갑질은 무엇을 남겼나

2018년 3월, 조현민 대한항공 전무가 결재 중에 직원에게 물컵을 던졌다. 이 사실은 SNS와 뉴스를 통해 '폭행', '재벌의 갑질'로 이슈화되어 일파만파 퍼지면서 공분을 일으켰으나, 대한항공은 일주일이 지나도록 제대로 된 사과나 근절 대책을 내놓지 않아 사태를 키웠다. 2014년 조현아 당시 대한항공 부사장의 '땅콩 회항' 사건이 발생했을 때도 대한항공은 안이한 대응으로 사태를 키운 전적이 있다.

결국 이 사태는 조 전무의 항공사 등기 이사 자격에 대한 국토교통부 조사, 총수 일가의 면세품 밀반입에 대한 관세청 조사로 확대되어갔다. 여기다가 대한항공 오너 일가가 양배추, 체리에서부터 값비싼 드레스. 가구까지 세관에 신고하지 않은 채 밀반입했고, 이 과정에서 항공기와 직원들을 사적으로 이용했다는 의혹도 제기됐다. '오너 일가의 물품 반입을 위한 전담팀이 있다.' '인천에 들어오는 특정 비행기는 오너 일가의 직구용 수송기'라는 전·현직 기장과 승무원 내부 증언까지 나왔다.

대한항공의 기업이미지, 평판은 사상 최악으로 떨어졌다. 청와대 사이트에는 대한항공에서 '대한' 이름을 빼야 한다는 등 일주일 새 400건이 넘는 청원이 쏟아졌다. 사건 이후 며칠간 '물컵 갑질' 논란이 퍼지는 동안, 대한항공 주가는 7.1% 떨어져 시가총액 2,400억 원이 사라졌다.

평판은 쌓는 데 20년, 무너지는 데 5분!

기업의 관리자들에게 하루하루는 모험이나 다름없다. 이러한 신세계에서 경쟁우위를 유지하려면 명성과 위기 관리를 해야 하고 오프라인뿐 아니라 온라인에서도 좋은 평판을 얻어야 한다.

평판이 미래다

기업이 좋은 평판을 얻는 것이 왜 중요할까?

1. 평판은 차별화와 경쟁적 우위를 만들어내는 중요한 자원이기 때문이다.
2. 평판은 종업원, 소비자, 투자자의 긍정적 지지를 이끌어낸다.
3. 평판은 전략적 포지셔닝에 중요한 영향을 미친다.
4. 평판은 경쟁자와의 차별화와 경쟁적인 비교 우위를 만들어낸다.
5. 평판은 기업이 적극적으로 축적해야 할 하나의 자본가치를 지닌다.
6. 평판은 기업의 경영성과에 중요한 영향을 끼치는 자본가치이기 때문이다.
7. 평판은 고객의 구매 결정, 종업원의 입사·근무·근속 여부, 투자자의 투자 결정, 미디어의 보도 내용, 금융분석가의 어휘 구사 등에 중요한 영향을 미친다.

그러나 기업들은 이제 자사의 브랜드를 스마트하게 관리할 능력을 상실했다. 기껏해야 시장에서 해당 브랜드가 품질면에서 어느 정도 경쟁력을 가지고 있는 것으로 만족해야 한다. 기업은 자신들이 의도하는 바를 토론하거나 구체화하거나, 세련되게 다듬는 구성원들이 모인 작은 커뮤니티에 영향력을 행사할 수 있을 뿐이다. 또한 과거에는 기업들이 오직 마케팅에 의존해 자사 브랜드에 많은 영향력을 행사했고, 평판과 브랜드는 별개의 존재였다.

하지만 디지털 시대가 찾아오면서 상황이 바뀌었다. 21세기 디지털기술 발달과 커뮤니케이션 능력의 확장은 가히 변화무쌍하다. 기술의 발달로 기업의 업무가 실시간으로 세상에 알려지기 때문에 평판 관리 실무자들은 시시각각 이에 대응해야 한다. 어느 한 지역의 활동이나 아주 작은 실수 또는 사고도 국제적으로 큰 파급 효과를 가져올 수 있다는 사실을 인식하고 이에 대응해야 한다.

이제 고객과 인플루언서 등 다른 이해관계자들이 온라인과 오프라인에서 광범위한 소통을 할 때, 작은 부분에서 발생하는 실수나 허점도 브랜드에 영향을 미친다. 더불어 리더십이나 사회공헌 등 통합적 차원에서도 브랜드에 영향을 끼쳐, 기업의 명성과 지지에 타격을 입힌다.

마케팅 담당자와 기업의 임원들은 그들의 다양한 이해관계자와 오래 유지되는 유대관계를 형성할 수 있으나, 커뮤니케이션이 실패해서 오래 쌓아온 역학관계와 신뢰가 한번에 무너져내릴 수도 있다. 이에 대해서 워런 버핏은 이렇게 말했다.

"평판은 쌓는 데 20년, 무너지는 데 5분이면 족하다."

평판이 미래다

평판은 전략적 포지셔닝에 영향을 미친다

당신이 가장 존경하는 기업은 어느 기업인가? 당신이 가장 좋아하는 인물은 누구인가? 반대로 가장 싫어하는 기업은 어디이며, 당신이 가장 혐오하는 인물은 누구인가? 그렇다면 그 이유는 무엇인가? 당신은 그 기업과 사람에 대해서 무엇을 기억하고 있는가?

포지셔닝은 당신이 기억하는 내용, 바로 그것이다.

명성의 획득은 어렵고 유지도 힘들며, 명성 상실 후에 회복의 과정은 더욱더 힘들다. 긍정적 평판을 얻으면 경제적 부를 획득할 수 있으나, 부정적 평판은 이미지의 상실과 경제적 손실을 준다. 당신의 경쟁적 이점은 무엇이고 당신에게서 떠오르는 이미지는 무엇인가?

현대사회에서 평판은 개인에게도 더욱 중요해졌다. 우리는 신용점수와 마찬가지로 평판 점수로 평가되고 줄 세워진다. 개인의 좋은 평판은 인격을 창조하고 보호하며, 사업과 성공을 위해 무한한 선택의 기회를 열어준다. 그리고 이 모든 기회를 유리하게 활용하도록 자신을 지지해준다. 특히 디지털과 네트워크로 연결된 현대사회에서는 어디에 사는 누구든지 개인정보를 공유할 수 있게 되면서 평판이 지극히 중요한 자산이 되었다.

디지털 기술의 발달로 개인의 평판 정보가 광범위하게 퍼져 어디서든지 손쉽게 접할 수 있고, 영원히 사라지지 않을 수도 있다. 디지털 시대에는 수집된 방대한 양의 데이터를 통해 알아낸 정보를 분석해서 모든 것을 알아낸다. 한 개인의 업무능력과 기술, 경제력, 건강과 취미에 이르기까지 거의 모든 정보를 분석해서 평판 자료를 만들어낸다. 평가자는 그 평판 자료를 토대로 평판 점수를 매기게 될 것이다.

그리고 이 평판 점수는 개인과 관련해 중요한 결정을 내릴 때 사용하는 참고자료가 된다. '취업을 할 수 있을 것인가, 대출을 받을 수 있을 것인가, 마음에 드는 상대와 데이트를 할 수 있을 것인가가 모두 이 점수에 달려 있다.

우리는 지금 평판 사회에 살고 있다. 평판은 나의 일과 활동을 통해 축적되는 것이고, 다른 사람들의 시선이 모여 그들이 만들어낸 평가 결과이다. 우리는 평판 관리를 통해서 삶의 질을 높이는 것은 물론, 인류의 삶과 조직과 사회를 위해서 어떤 가치와 혜택을 창조하는지 알 수 있다. 오늘 당신에 대한 여론은 어떠한가? 성공의 기회가 보이는가? 위기의 순간이 왔는가? 아니면 잊힌 사람인가?

평판의 이점

1. 경쟁적 우위를 지속시키는 자원이다.

2. 기업이 적극적으로 축적해야 할 하나의 자본적 가치를 지닌다.

3. 종업원, 소비자, 투자자의 긍정적 지지를 이끌어낸다

4. 고객의 구매 결정, 종업원의 입사 · 근무 · 근속 여부, 투자자의 투자 결정, 미디어의 보도 내용, 금융분석가의 어휘 구사 등에 영향을 미친다.

5. 기업의 경영성과에 영향을 준다.

6. 경쟁자와의 차별화와 경쟁적인 비교 우위를 만들어낸다.

오너의 평판은
기업에 어떤 영향을 끼치는가?

"오너 리더십이 바로 서야
그 그룹의 모든 기업도 정상적인 기업경영과 평판 관리가 가능하다."

최고 지도자(오너)는 얼마만큼 영향력을 주는가?

〈뉴스위크〉지에서 하얏트 호텔 회장이 이렇게 말한 기사를 실었다.

"지금까지 내가 27년 동안 서비스 산업에 종사하면서 배운 것이 있다면 바로 이것입니다. 모든 고용인의 99%는 일을 잘하기 원하며, 그들이 일하는 방식은 경영자의 방식을 그대로 반영한다는 사실입니다."

이것은 오너 리더십의 영향력을 말해주고 있다. 오너 리더십은 자신의 성공 정도뿐만 아니라 함께 일하는 사람들의 성공까지 결정한다.

뮤지컬이나 영화를 만들 때 주인공과 조연도 중요하지만, 제작자나 감독이 잘해야 성공적인 작품이 완성된다. 아무리 많은 제작비를 투입하고 시나리오가 좋아도 감독이 잘못하면 예술성도 대중성도 기대할 수 없고 흥행에 실패할 게 자명하다. 제작자가 감독을 잘 뽑고 좋은 여건을 마련해준다면 배우들과 스텝들은 더욱 높은 성과를 낼 것이다.

"리더들이여, 비밀을 만들지 마십시오. 언젠가 드러납니다. 기업인의 경우에 소비자들에게 겉과 속이 다른 기업이란 인상을 줘선 안 됩니다."

글로벌 커뮤니케이션 컨설팅사 웨버샌드윅의 회장 잭 레슬리는 "리더들이 투명하게 행동하지 않으면 금세 평판을 잃는 시대가 됐다."라고 말했다. 또한 최근 한국에서 불거지고 있는 재벌가의 '갑질' 논란에 대해서도 '한국 기업인들도 그만큼 투명하게 기업을 운영해야 할 것'이라며 쓴소리를 했다.

민간기업의 소유주와 회장들은 그룹 내 계열사의 CEO들에게 어느 정도의 자율성과 권한을 주고 있지만, 경영의 최종 결과는 소유주의 기업철학과 리더십에 의존한다. 오너 리더십이 바로 서야 그 그룹의 모든 기업도 정상적인 기업경영과 평판 관리가 가능하다.

가장 위대한 지도자는 그 존재만으로도 다스리는 자이다

만일 소유주 자신이나 그 가족의 일탈이나 반칙 행위가 이루어지면 그룹 전체는 모두 치명적인 위기를 겪게 된다.

소유주에 의해 발생하는 오너 리스크는 다양하게 일어나고, 자신이 지배하는 이해관계자를 대상으로 무위가 아닌 변칙 행위를 할 때 일어나며, 이것은 평판 관리의 최고 책임자가 결코 해서는 안 될 행동과 발언을 함으로써 야기된다. 이는 조직 구성원과 자사 기업에 치명적인 손해와 손실을 준다.

"무위로 다스리는 자는 아마 순임금이실 게다. 무엇을 하셨겠는가. 몸을 공손히 하시고 몸을 남쪽으로 향해 앉아 계실 따름이었을 뿐이다."

'무위지치(無爲之治)'라는 말은 『논어』 「위령공」 제4편에 나오는 이야기이다. 별다른 인위적인 행위가 없는데도 잘 다스리는 정치 형태를 이른다. 중국의 도가와 유가에서도 이상적으로 얘기했던 최고 지도자의 리더십이다.

하지만 오늘날 우리의 현실 세계에서 이런 지도자를 만나기는 쉽지 않다.

겸손하고 배려하는 리더십보다는 오히려 강압하고 배척하기도 하고, 가끔 이해관계자에 대해 반칙 행위나 범죄 행위를 하기도 한다.

오너는 지도자로서 자신의 잘못된 결정이 자신뿐만 아니라 자신을 따르는 이들에게까지 악영향을 끼친다는 사실을 잘 알고 있다. 잘못된 결정은 잘못된 동기에서 나온다.

일관성 있는 지도자가 되어라

기업의 최고지도자로서 오너 리더십의 바람직한 형태는 무엇일까? 평가의 기준은 이렇다. '나는 나를 따르는 사람들에게 진실한가?' 그리고 '나를 신뢰하며 미래를 위한 나의 비전에 동의하는가?' '그들에게 동기를 부여하며, 잠재력을 찾아내고 변화를 이끌어내는가?' 이와 같은 질문에 '예스' 라고 답하는 것이다.

최고 지도자에게 더 중요한 것은 통전성이란 내면의 작업이다. 날마다 오너들은 자신이 하고 싶은 것과 해야만 하는 일 중에서 고투한다. 통전성은 이러한 문제를 해결할 수 있는 척도를 확립시킨다. 우리가 말하고 생각하고 행동하는 바를 전인격 속에 결속시켜 그 어떤 것도 이탈하지 않게 한다.

통전성을 갖춘 지도자는 일관성 있는 사람이 된다. 그의 믿음은 그의 행위에 반영된다. 잘될 때든, 잘되지 않을 때든 겉으로 나타나는 모습과 남이 알고 있는 모습 사이에는 차이점이 있을 수 없다. 피지도자들은 자신의 지도자가 언행일치의 삶을 사는 것을 직접 보고 들으며 더 견실해지고 더 충성을 다할 것이다.

최고 지도자는 그를 따르는 사람들보다 더 높은 삶의 기준을 정해야 한다. 최고 지도자는 자신과 조직을 위해서라면 책임 이외에는 무엇이든 포기할 수 있어야 한다. 존 록펠러는 이런 말을 남겼다.

"모든 권리에는 책임, 모든 기회에는 의무, 모든 소유에는 세금이 동반된다".

제임스 쿠즈(James Kouzes)와 배리 포스너(Barry Posner)는 지도자가 피지도자들 앞에서 신뢰성을 증진하는 일이 얼마나 중요한가를 적극적으로 주장했다. 그들의 저서 『리더십의 도전(The Leadership Challenge)』에서 추종자들이 지도자에게 기대하는 4가지를 언급하는데, 그것은 정직성, 능력, 비전, 영감이다.

당신이 만일 오너라면 당신이 인생에서 가치 있게 여기는 것들을 적어보라. 신념은 스스로 어떤 것을 위해 기꺼이 죽을 수도 있는 것이다. 지금까지 당신

평판이 미래다

이 규칙적으로 형성해놓은 믿음이나 원리를 말한다. 당신이 가진 신념은 무엇인가? 오너의 믿음과 철학은 전 조직을 이끄는 에너지이다. 이제 본인에게 다시 질문해보라. 당신이 행하는 영역 가운데 어떤 부분이 일관성이 있다고 생각하는지 물어보라. 또 어떠한 부분에서 일관성이 없다고 느끼는지 물어보라. 그러나 무엇보다 최고지도자가 되기 위해서는 평생 새로운 아이디어를 수용하려는 자세가 필요하다.

공자는 이렇게 말했다.

"가장 위대한 지도자는 그 존재만으로도 다스리는 자이다."

개인의 평판까지 높여라. 오너의 평판이 곧 기업의 평판이 된다.

트럼프는 어떻게 대통령이 되었나?

2016년 11월 9일, 전 세계가 경악한 일이 있었다. 바로 '아웃 사이더' 도널드 트럼프가 미국 대통령에 당선된 것이다. 그러나 이미 트럼프의 승리를 점쳤던 사람이 한국에 있다. 한국이미지전략연구소 허은아 소장이다. 2개월여 동안 대선 현장을 따라다니며 후보들의 이미지와 정체성(아이덴티티)을 두 눈으로 목격한 허 소장은 "트럼프는 대통령으로서의 이미지와 정체성 경쟁에서 힐러리 클린턴보다 절대적으로 우세했다."라고 말했다.

01 슬로건 · 타겟팅 전략 :

트럼프는 처음부터 중산층 이하 백인층에 포커스를 맞추며 '미국을 다시 위대하게(Make America Great Again)'라는 슬로건을 내걸었다.

02 이미지 전략 :

거친 아웃 사이더의 이미지를 강조하기 위해 한 벌에 1,000만 원이 넘는 고급 브리오니 정장을 헐렁하게 입었다. 이런 연출을 통해 미국 중산층이 가장 풍요로웠던 1980년대 월스트리트를 떠올리게 했다.

트럼프는 단 몇 초라도 그 순간 손을 잡은 사람 외에는 보이지 않는 것처럼 집중한다. 리더의 이미지는 그 집단을 대표한다. 대중과 가장 가까이에서 접촉하는 서포터들의 친절도에서 트럼프는 힐러리를 쉽게 제쳤다.

좋은 리더가 좋은 조직을, 좋은 기업을 만든다.
이것이 바로 평판 관리의 법칙이다.

평판 관리에 효과적인
리더십을 갖춰라

"성공한 기업 뒤에는 항상 위대하고 뛰어난 리더가 있다는 것을 알 수 있다."

좋은 리더가 좋은 평판을 만든다

어떻게 성공 기업이 탄생하고 만들어지는가? 왜 어떤 기업은 위대한 기업으로 도약한 반면, 다른 기업은 망하거나 그저 괜찮은 기업으로 남아 있는 것인가?

성공한 기업 뒤에는 항상 뛰어나고 위대한 리더가 있다. 좋은 기업을 만들고 혁신과 창의성을 발휘하고, 윤리적이고 도덕적이며 겸손한 리더십을 가진

지도자, 그들이 바로 성공 기업을 만드는 열쇠다. 『좋은 기업을 넘어 위대한 기업으로(Good to Great)』를 저술한 짐 콜린스(Jim Collins)와 그의 연구팀들은 좋은 성과에서 위대한 성과로의 도약을 이룬 회사들의 변수 중 가장 중요한 핵심 요인으로 기업 CEO의 리더십을 꼽았다.

콜린스의 위대한 기업을 만드는 기업의 패러다임 중에서 리더십과 인적 자원을 요약하면 대략 다음과 같다.

위대한 기업에는 천문학적 연봉의 스타 CEO보다는 인내와 열정을 가진 겸손한 CEO가 존재했다. 위대한 리더는 카이사르(Caesar)보다는 소크라테스에 가까운 리더였음을 알 수 있다. 위대한 기업은 기업이라는 버스에 적합한 사람을 먼저 태우고 나서 어디로 갈 것인지 정했다. 전략을 세우기 전에 먼저 적합한 인재들을 모았다. 위대한 리더는 영악하게 잔꾀를 쓰며 기회마다 기웃거리는 여우 전략보다는 일관성 있게 한 가지 일에 매달리는 고슴도치 전략으로 회사를 경영했다. 직원들에 대해서는 규율 있는 태도와 행동으로 성과를 만들도록 독려했다. 자유와 책임의 기업문화를 퍼뜨리고 자율적인 사람들로 회사를 채웠다. 엄격하지만 비정하지는 않은 기업문화를 만들었다.

평판 관리에 효과적인 리더와 리더십이 절실하다

리더는 조직의 모든 수준에 존재한다. 하부 조직의 리더는 작은 영역만 책임진다. 그들의 비전은 사소해 보일지도 모른다. 성취동기를 유발시켜야 할 사람이 2명밖에 없을지도 모른다. 하지만 그들이 행하는 리더십 역할은 고위 간부들의 역할과 같다. 그들은 명쾌한 눈으로 사태를 파악하고 현 상태에 도전하는 데 능하다. 그들은 정열적이고 장애물을 돌파하는 데 능하다.

뛰어난 리더십을 보이는 사람들은 전문분야에 관계된 명분이나 규율에 깊은 관심을 보인다. 예를 들어 제약회사의 지도자는 개인적으로 부모나 사랑하는 사람이 고통을 경험했기에 고통을 줄이는 데 깊은 관심을 보일 수 있을뿐만 아니라 지적인 측면을 비롯해 정서적 측면에서도 동기가 부여된다. 이런 지도자는 다른 사람들에게 깊은 신념을 심어줘 조직의 목표와 연결한다. 그들은 사람들에게 지금 하는 일이 사회에 어떤 의미가 있는지 알 수 있도록 돕는다.

위대한 지도자, 특히 변화를 이끄는 지도자들의 눈에 띄는 특징은 내외부의 이해관계자들과의 소통에 치중한다는 것과 배움에 대한 욕구가 강하다는 것이다. 그들은 편안한 안주에서 벗어나려는 강한 의지를 보인다. 많은 것을 성취한 후에도 그러하다. 특별히 그래야 하는 이유가 없는데도, 그들은 계

204

속해서 위험을 감수한다. 그들이 개척해야 할 새로운 창조에 몰입한다. 이미 자신이 거둔 성공 때문에 모든 것을 알고 있다고 생각할 충분한 이유가 있는 시기에도 다른 사람들과 그들의 생각에 개방적이다. 종종 그들은 한 개인이 성취할 수 있는 것보다 더 큰 이상이나 목표에 이끌려 계속 배우고자 한다.

리더는 대부분 변화에 엄청난 에너지와 관심을 기울이지만 결과를 얻는 사람은 드물다. 조직 변화로 좋은 성공의 결과와 좋은 평판을 함께 이끈 리더와 조직에 대한 선례는 매우 적다. 10년 전만 해도 급격한 재창조와 평판을 함께 생각하는 리더는 거의 없었다. 그래서 지금의 새로운 경영자들에게 전수할 만한 실천적 경험이 별로 없다. 하지만 평판 관리로 성공을 이끈 리더와 이런 비율은 계속 높아질 것이다. 좋은 제품을 낮은 비용으로 더 빨리 만들어낼 것이고, 새로운 디자인과 가치로 고객을 사로잡는 제품과 서비스가 등장할 것이다.

한편으로 고객과의 관계 마케팅과 평판 관리에 치중하는 수많은 리더가 괄목할 만한 변화를 주도할 것이다. 이것은 단순한 예상이 아니다. 이것은 사회적, 경제적 측면에서 봐도 필연이다. 모든 조직과 단체는 효과적인 리더십을 원한다. 하지만 평판 관리에 실패하는 리더십은 결코 성공하지 못한다. 하지만 지금 당장 변화를 시도하는 조직에게 평판 관리를 주도할 효과적인 리더십은 더욱 절실하다.

리더십의 다섯 단계

존 맥스웰은 저서 『리더십의 법칙』에서 5단계의 리더십을 제안했다.

존 맥스웰이 말하는 5가지 리더십 단계

1. **직위 수준 :** 당신의 직위에서만 리더십이 발휘된다

2. **허용 수준 :** 사람들이 당신을 위해 일하게 된다

3. **성과 수준 :** 일의 성과가 달성된다

4. **인물 계발 수준 :** 뒤를 이을 지도자를 계발한다

5. **인격 수준 :** 더 이상의 리더는 없다

1단계 직위 수준 : 당신의 직위에서만 리더십이 발휘된다

사람들은 의무감에서 지도자를 따른다. 리더의 영향력은 직업 명세서에 나타난 한계를 초과할 수 없다. 당신이 이 단계에 머물수록 실패할 가능성은 점점 커지고, 사기는 점점 저하된다.

이것은 리더십의 기본적인 입문에 해당하는 수준이다. 당신이 이 수준에 머물러 있다면 당신이 가지고 있는 유일한 영향력은 당신의 직함에서 나오는 것뿐이다. 이 수준에 머물러 있는 사람들은 환경으로 인한 기득권, 의례, 전통, 조직 등에 의존한다. 이것은 권위와 영향력을 행사하기 위한 근거가 되지 않는다면, 그 자체가 부정적인 것은 아니다. 하지만 리더십의 기술로 대체하기에는 부적합하다.

사람이 어떤 지위에 임명되면 통제력을 가질 수 있다. 그는 그 직위를 통해 권위를 가질 수 있다. 그러나 진정한 리더십이란 권위를 능가한다. 그것은 기술적인 훈련을 받거나 적절한 절차를 따르는 그 이상의 무엇이다. 진정한 리더십은 다른 사람들이 신뢰감을 가지고 기꺼이 따르게 한다. 진정한 지도자는 보스와 지도자의 차이가 무엇인지를 아는 사람이다.

우리는 대부분 리더십이 어떤 지위를 갖는 것이라고 배웠다. 그러나 직장 내에서 우리는 사람들이 내가 가진 직책 때문에 나를 따르는 게 아니라는 사실을 발견하게 된다.

2단계 허용 수준 : 사람들이 당신을 위해 일하게 된다

사람들은 자신들이 원해서 지도자를 따른다. 사람들은 리더에게 주어진 권위적 한계 이상으로 리더를 추종하려고 할 것이다. 이 단계에 이르면 일을 즐기면서 할 수 있다. 그러나 성장하지 않고 이 단계에 계속 머물러 있다면 사기가 높아진 사람들도 지칠 수 있다.

최초의 특급배송업체인 페덱스(FedEx)의 설립자 프레드 스미스(Fred Smith)는 이렇게 말한다.

"리더십이란 사람들이 의무적으로 하지 않아도 될 일을 당신을 위해 하도록 만드는 역량이다."

이것은 영향력이라는 리더십의 두 번째 수준에 올라갈 때만 가능하다. 리더십은 마음에서 시작된다. 결코 머리가 아니다. 리더십은 더 많은 규칙이 아니라 의미 있는 관계를 통해 형성된다.

3단계 성과 수준 : 일의 성과가 달성된다

사람들은 리더가 조직을 위해 이루어놓은 일을 보며 리더를 따르게 된다. 이 단계에서는 대부분의 사람이 성공을 감지한다. 그러므로 그들은 리더를 좋아하며 리더가 하는 일을 좋아하게 된다. 성공의 여세로 문제가 발생해도 적은 노력으로 잘 해결된다.

평판이 미래다

이 단계에서는 일이 생기기 시작한다. 좋은 일이 생긴다는 말이다. 수익이 증가한다. 사기가 올라간다. 부하 직원들의 이동률이 낮아진다. 사람들의 필요가 채워지며 목표가 달성된다.

이러한 성과에 수반되는 것이 있다. 커다란 힘, 영향력이다. 다른 사람들을 인도하여 영향을 준다는 것은 즐거운 일이다. 최소한의 노력으로도 문제가 해결된다.

조직의 성장에 이바지하는 사람들과 더불어 정규적으로 신선한 전략에 대해 토론한다. 모든 사람은 결과 지향적이다. 사실상 결과를 얻는 것이 활동의 주된 이유이다.

4단계 인물 계발 수준 : 뒤를 이을 지도자를 계발한다

사람들은 리더가 그들을 위해 행한 일로 인해 리더를 따르게 된다. 이 단계에서는 광범위한 성장이 이루어진다. 리더가 계발시키는 지도자들에 대한 헌신은 조직과 사람들을 분명히 계속 성장하게 할 것이다. 이 단계에 도달할 뿐 아니라 머물기 위해 가능한 모든 일을 하라.

지도자는 위대하다. 그것은 지도자 자신이 능력이 있어서가 아니라 사람들을 일하게 만드는 그의 능력 때문이다. 계승자 없는 성공은 실패다. 노동자의 주된 책임은 스스로 일을 하는 것이다. 그러나 지도자의 주된 책임은 사람들이 일을 잘할 수 있도록 계발시켜주는 것이다.

리더를 따르는 사람들 가운데 핵심이 되는 지도자들은 리더가 개인적으로 감동을 주거나 어떤 형태로든 리더십이 계발되도록 도와준 사람이어야 한다. 그렇게 될 때 리더와 가장 가까이 있는 사람들, 리더의 그 핵심 지도자들에게 감동을 받은 이들로부터 사랑과 충성심이 표출되어 나온다.

5단계 인격 수준 : 더 이상의 리더는 없다

사람들은 리더의 인격과 리더가 대변하는 일을 통해 리더를 신뢰하고 존경한다. 이 단계는 수년에 걸쳐 성장한 이들, 조직을 가지고 있는 지도자들을 위해 마련되어 있다. 소수의 지도자만이 이 단계에 이를 수 있다. 이 단계에 이르는 자들은 생명보다 귀한 자들이다.

이 단계에 대해서는 추가로 덧붙일 언급이 별로 없다. 대부분 이 수준에 도달해 있지 못할 것이다. 인정받는 리더십을 위한 평생의 노력만이 이 수준에 도달하게 된다. 그리고 이 단계의 리더에겐 영원한 만족을 주는 보상이 주어질 것이다.

좋은 리더가 좋은 평판을 만든다. 신뢰받는 리더가 신뢰받는 기업을 만든다. 존경받는 리더가 존경받는 기업을 만든다. 그 반대도 마찬가지다. 낮은 평판의 리더는 기업의 평판도 떨어트린다. 리더가 신뢰를 잃어버리면 그 기업의 신뢰도 떨어질 것이다. 존경과 신뢰를 받는 기업평판은 리더십에서 나온다.

대통령이 갖춰야 할 리더십 요인

정치지도자에겐 다양한 리더십 덕목이 필요하다. 정치인과 관련된 연구로 대통령 선거와 관련해 대통령 후보자 이미지 연구가 선거철마다 정기적으로 이루어졌으며 대통령 리더십과 관련된 연구가 다수 진행됐다.

그중 프레드 아이 그린스타인(Fred I. Greenstein)의 연구를 소개한다. 그는 성공하는 대통령 능력을 연구하기 위해 프랭클린 루스벨트(Franklin Roosevelt)부터 클린턴(Clinton)까지 총 11명의 역대 미국 대통령의 리더십을 분석했으며 다음과 같은 요인을 대통령 리더십으로 강조했다.

1. 의사소통 능력으로 반대자를 설득시키고 고무시킬 수 있는 대화 능력
2. 유능한 참모진을 구성하여 효율적 내각을 구성하는 능력
3. 정치적 용병술 : 협상 능력과 권력의 역학을 활용한 언론·여론의 활용 능력
4. 비전을 제시할 수 있는 통찰력
5. 시대 변화와 민심의 움직임을 읽어내는 통찰력, 뚜렷하게 나아갈 방향을 제시할 수 있는 능력

6. 국정운영에 대한 문제 파악 능력

7. 탁월한 인지력 : 정보의 홍수 속에서 신속한 결정을 내릴 수 있는 능력

8. 감성 지능(Emotional Intelligence)

특히, 감성 지능은 그동안 '최고통수권자(Commander-in-Chief)'로서 대통령이 지녀야 할 리더십 요인으로 부각되지 않았지만 뉴미디어 시대의 대통령에게는 무엇보다 주요한 자질로 인식되었다.

그 분야에서만큼은
전문가가 되어라

"전문성으로 갖춰야 할 최고의 가치는
자기가 사는 동안 다른 사람의 삶에 변화를 일으킬 수 있어야 한다는 것이다."

무엇을 하든지 전문가가 되어라

열린 사회, 평판 사회다. 세계는 변하고 있고 어느 지역의 어떤 기업도 조직
도 개인도 변화를 요구받으며, 글로벌 차원에서 경쟁력을 확보해야 하는 사
명 앞에서 예외일 수 없다.

개인, 특히 지식을 응용하여 일하는 지식 근로자 개개인은 어떻게 목표를
달성할 수 있을까? 개인은 어떻게 변화의 시대에 낙오하지 않고 자기 일과 인

평판이 미래다

생에서 효과적인 인생을 살고 이 사회에 쓸모 있는 사람이 될 수 있을까?

나의 강점과 가치관은 무엇인가? 나는 무엇을 어떻게 공헌할 것인가? 나는 어떻게 성과를 거두고 목표를 달성할 것인가? 나는 어떤 사람으로 기억되기를 바라는가? 나의 인생의 후반부를 어떻게 준비할 것인가?

나 자신을 효과적인 사람, 계속 성장할 수 있는 사람, 경쟁력을 갖춘 사람으로 만들어줄 핵심 요소는 바로 전문성 확보다. 무엇을 하든지 그 분야에서 전문가가 되어라. 당신이 이루려는 분야에서 완벽을 추구하며, 그 세계에서 전문가가 되는 것이 열쇠다. 전문가를 꿈꾸는 당신은 더욱더 새롭게 변화할 수 있고 더 성장하며 나이를 더 먹더라도 포기하지 않고 계속 정진하리라 믿는다.

피터 드러커가 말하는 전문성 향상의 비결

전문가가 되기 위해 프로로서 자기 관리를 위해서는 무엇을 준비해 나갈 수 있을까? 금세기 최고의 지성이라 일컬어지는 피터 드러커는 21세기 비전을 제시한다. 특히 지식 근로자 개인들의 자기실현 방법에 관해 저술한 『프로페셔널의 조건』을 통해 그 방향을 알려주고 있다.

피터 드러커 교수는 자신의 체험을 바탕으로 열린 사회 정보화 사회에서 지식만이 사회적 지위를 얻고 경제적 성과를 얻을 수 있는 유일한 생산 수단이 될 것이라고 주장한다.

이제 단 하나의 의미 있는 경쟁우위는 지식 근로자 자신의 전문성이다. 그리고 그 전문성이 창조하는 지식 생산성이다. 『프로페셔널의 조건』에서는 지식 근로자가 자신이 속한 조직에서 어떻게 일해야 하고, 자기 자신은 어떻게 스스로 관리해야 하는지 일깨우고 있다. 피터 드러커가 제시하는 전문성과 지식 생산성 향상의 비결을 몇 가지 알아보겠다.

피터 드러커의 전문성 향상 비결

1. 자기 과업에 집중하라.

2. 공헌할 목표에 초점을 맞춰라.

3. 끊임없이 새로운 주제를 공부하라.

4. 자기 일을 정기적으로 검토하라.

5. 피드백 활동을 하라.

---

1. 자기 과업에 집중하라

과업에 관한 집중의 의미는 '해야 할 과업이 무엇인가?', '왜 그것을 하는가?', '어떻게 과업을 수행해야 하는가?'라는 3가지 질문에 답하며 과업을 수행하는 것이다. 나아가서 '더 현명하게 일하기 위해서 무엇이 또 필요한가?'라는 질문을 되풀이하며 과업을 이끌어나가는 것뿐이다.

2. 공헌할 목표에 초점을 맞춰라

성과를 올리는 사람들은 공헌에 초점을 맞춘다. 그들은 지금 자신이 하는 일보다 더 높은 곳에 있는 것을 지향하고, 또한 목표를 향해 외부 세계로 눈을 돌린다. 그들은 '내가 속해 있는 조직의 성과와 결과에 큰 영향을 미치는 것으로, 내가 공헌할 수 있는 것은 무엇인가?'라는 질문을 스스로 던진다. 그리고 자신의 책임에 중점을 두고 일하지 않으면 안 된다고 믿는다.

3. 끊임없이 새로운 주제를 공부하라

자신의 전공 분야에 관해서 더 깊고 넓게 영역을 세분화하거나, 관련해서 접목할 새로운 주제를 탐구한다. 매년 탐구할 주제를 넓히거나 3년 혹은 4년마다 다른 주제를 선택한다. 예를 들어 경영학이나 마케팅 전공자라면 통계학, 국제법이나 중세 역사학 등 매우 다양하게 관심을 넓힐 수 있다. 이 방법은 전공에 대한 상당한 지식뿐 아니라 새로운 주제와 새로운 시각, 새로운 방법에 대해 개방적인 자세를 취할 수 있게 해준다.

4. 자기 일을 정기적으로 검토하라

이것은 행한 일에 대한 계획과 과정 및 결과에 관해 정기적이고 순환적으로 체크하고 검토해보는 것이다. 일정 기간이나 시간을 따로 할애해서 지난 기간에 내가 한 일을 검토하고 리뷰하는 과정을 갖는 것이다. 처음에는 잘했지만 더 잘할 수 있거나 더 잘했어야만 하는 일을 검토하고, 그다음에는 내가 잘못한 일, 마지막으로 내가 해야만 했는데도 하지 않은 일 등을 차례로 검토한다.

이러한 검토 과정을 피터 드러커 자신은 '베르디의 교훈'이라 명명하고 완벽한 전문가로 나아가도록 노력한다. 그는 이런 리뷰 활동을 바탕으로 자신의 컨설팅 업무나 저술 활동 또는 강의 등으로 우선순위를 결정하고 계획을 수립해나간다.

5. 피드백 활동을 하라

어떤 중요한 일을 할 때마다 자신이 예상하는 결과를 미리 기록해 두고 일을 시작한다. 그리고 일이 끝나면 그 일을 실행한 결과와 자신이 예상한 결과를 비교해보는 피드백 활동을 하는 것이다. 피드백 활동은 우리의 장단점이 무엇인지 밝혀주는데, 이 장단점은 한 개인이 자기 자신에 대해 알 수 있는 것 중에서 가장 중요한 것이다. 장점은 개인이 계속 추구할 것이 무엇인지를 알려주고, 단점은 한 개인이 개선해야 할 것이 무엇인지, 어떻게 개선해야 하는지를 알려준다. 또한 그것은 한 개인이 할 수 없는 것, 심지어는 시도조차

하지 말아야 할 것을 명백히 밝혀준다. 자신이 할 수 있는 것과 할 수 없는 것을 정확하게 인식하는 것이 바로 지속적 전문성을 갖추는 핵심이다.

마지막으로, 우리 각자가 전문성으로 갖춰야 할 최고의 가치는 사는 동안 다른 사람의 삶에 변화를 일으킬 수 있어야 한다는 것이다. 전문가란 지식 근로자가 자기가 속한 조직에서 어떻게 일해야 하고, 이를 어떻게 관리해야 하는지를 아는 사람이다. 그러나 무엇보다 타인의 삶에 영향을 미치고 더 나은 세상을 이루도록 돕는 자다. 전문가의 목표는 이 2가지 소명을 모두 성공으로 이끄는 것이다.

지금 당신은 전문가인가?

좋은 평판을 얻으려면
늘 진실하라

"평판 조회 시장이 급속히 팽창하고 있는 현실을 고려하면,
유비무환의 자세로 투명한 삶을 지향할 필요가 있다."

평판을 얻으려면 자신에게 진실하라

"거짓말쟁이는 진실을 말해도 사람들이 믿어주지 않는다."

- 키케로(Cicero), 『예언론(De Divination)』 2막 7장

한 학생이 교수인 어머니의 도움으로 연구 실적을 꾸며 서울대 치의학전문 대학원(치전원)에 합격했다는 사실이 밝혀져 입학이 취소됐다. 학생의 대학 시절에도 과제를 위해 어머니의 연구실 대학원생들은 연구를 해야 했다. 학생

은 실험기간 중 2~3차례 연구실을 방문해 참관한 것이 전부였으나, 그 과제로 상을 받기도 했다. 이 연구는 대학원생들이 논문으로 썼으나 학생의 이름으로 저널에 실렸고, 이 실적을 통해 서울대 치전원에 합격할 수 있었던 것이다. 교육부의 의뢰로 검찰은 교수를 구속기소하고, 학생 역시 같은 혐의로 불구속기소했다. 교수는 파면되었다.

이 학생이 이런 일들을 들키지 않아 치전원에 들어가 공부를 했다고 한들, 정말 그것이 이 학생의 삶에 도움이 되었을까? 이러한 방식으로는 인생을 살면서 좋은 평판을 가지기 힘들 것이다. 거짓말은 거짓말을 낳는 법이다.

자기 자신에게 정직하기란 때로는 무척 힘들지만 자신에 대한 정직이야말로 신뢰의 초석이다. 우리는 정말로 원하는 것에 대해 아주 능숙하게 진짜 동기를 감추고, 거짓되고 그럴듯한 이유를 만들어낼 줄 안다. 불안은 우리를 미묘한 형태의 자기 기만으로 몰고 간다. 예컨대 합리화를 '합리적인 이유'와 혼동하는 식이다. 이와 비슷하게 우리는 진지함을 진실함으로 착각하기도 한다. 진지하게 믿는다는 것만으로 진실이 될 수 없다. 어떤 사람들은 진지하게 잘못을 저지른다.

내가 아는 가장 우수한 CEO나 조직의 리더들은 빼어난 자기 인식을 가지고 있다. 그들은 자신의 행동과 동기에 대해 언제나 정직하게 내면의 대화를 한다. 그들은 이와 같은 정직을 통해 이기심을 극복하고 주위 사람들을 위한 최선이 방법이 무엇인지 묻는다.

자기 자신을 진지하게 연구하는 리더들은 흔히 자신의 외부에 더 높은 수준의 기준이 존재한다고 믿는다. 그들은 자기 판단과 결단을 내리는 데 정의와 공정을 기준으로 삼는다. 그들은 말하자면 결정을 내리기 위해 스스로 따르는 객관적인 원칙을 갖고 있다.

내가 존경하는 한 경영자는 주요한 결정을 내릴 때마다 스스로에게 도전적인 질문을 던진다고 했다. 그는 내면의 대화를 통해 자신의 행동이 윤리 테스트를 통과하는지 확인했다. 또 주위 사람들에게 부탁해서 자신이 내린 결정이 신용과 신뢰에 문제를 일으키지 않는지 살펴보게 했다. 특히 도덕적으로 애매해 보이는 결정을 내릴 때는 다른 사람들의 의견을 들어보는 것이 매우 유익하다.

어떤 중요한 결정을 하기 전에 '뉴스 테스트'를 해보라. 어떻게 해야 할지 확신이 서지 않을 때는 〈연합뉴스〉의 탐사 기자에게 자신의 행동을 설명하고 싶을지 상상해보라. '부모 뉴스 테스트'는 변형된 한 방법이다. 당신의 부모가 〈아침마당〉에 출연해 여러분이 한 일에 관해 설명하는 모습을 보고 싶을지 상상해보라.

평판이 미래다

타인에게 투명하라

인간의 행동은 복잡하다. 다른 사람과 관련된 행위는 특히 더 그렇다. 우리는 매일 8~10시간을 직장에서 보내고, 그동안 대부분 수십 명의 사람과 상호작용을 한다. 우리의 평판이라는 신뢰 계좌의 잔고는, 직장이나 일상에서 사람들을 어떻게 대하느냐에 따라 늘어나거나 줄어든다. 일반적으로 사람들과 관계를 맺을 때 신용을 얻으려면 정직한 대화가 필요하다.

신뢰의 요체는 언제나 진실을 말하는 데 있다. 동료든 팀이든, 아니면 조직 전체든 항상 정직하게 대하라. 거짓은 냉소와 불신의 모판이다. 거짓말을 하면 신용계좌 잔고가 금방 바닥날 수 있다.

몇 년 전 인기 검색어 1위를 차지했던 키워드 하나가 떠오른다. 바로 '연예인 X-파일'이란 검색어다. 국내 최대 광고 회사인 C사의 의뢰로 한 리서치 회사가 업무참고 목적으로 당시 인기 있는 연예인들의 개인 신상을 조사했다.

조사 내용의 사실 여부를 떠나 그 파일 속에는 국내 톱 클래스 연예인들의 개인정보라 할 수 있는 과거의 각종 경력은 물론, 이성 관계, 성형 여부, 알콜 중독 등에 대한 시시콜콜한 사적인 내용까지 담겨 있었다. 이러한 정보가 인터넷에 유포되고 검색이 확대되자 당사자는 말할 것도 없고 온 사회가 큰 충격을 받은 사건이었다.

사랑받았던 스타 중 사회적 물의를 일으켜 팬들과 대중에게 배신감과 충격을 안긴 이들이 있다. 마약 투약 행위부터 병역기피, 성폭행, 불법 촬영 영상유포, 사기극 등 이유는 다양하다.

온라인에서 '다시는 방송에서 보고 싶지 않은 연예인'을 투표한 적이 있다. 투표 결과, 1위는 33%(165명)의 표를 받은 정준영이었다. 유승준(스티브 유, 148명) 30%, 승리 21%(102명), MC몽 7%(33명), 박유천 6%(31명) 등이 뒤를 이었다.

그런데 이제 연예인뿐 아니라 일반 평범한 시민들도 동료나 친구 등 가까운 사람들에 의해 연예인과 마찬가지로 평가받고 있다. 그런 정보가 X-파일처럼 유통될 수도 있다. 디지털 시대의 어쩔 수 없는 현실이라면 냉정하게 받아들이고 슬기롭게 대처해 나가는 것이 바람직한 대응일 것이다.

평판 사회에서 대응하는 방법으로, 개인이 지켜야 할 삶의 원칙으로 가장 중요한 것은 투명성을 확보하는 것이다.

개인의 과거와 평판이 클릭 한 번으로 드러나는 세상

평판 조회를 하면 개인의 과거가 고스란히 드러나는 세상이다. SNS나 블로그에는 지금까지 살아온 나의 과거와 현재 스토리가 축적되어 있으며 그것을 통해 미래에 어떻게 살아갈지도 예측할 수 있을 것이다. 내가 보낸 메일과 카톡에는 내 생각과 아이디어, 상대방에 대한 나의 감정이 남아 있다. 통신회사는 마음만 먹는다면 내가 어느 날 누구와 통화했는지, 어느 장소에 갔었는지 알 수 있다. 신용정보 회사는 내가 신용불량자인지 신용우수자인지 알고 있으며, 내가 자주 가는 병원은 어디며 내 몸이 언제 어떻게 아팠는지 어느 질병으로 문제가 될 것인지 알 수 있다. 정부는 내가 우수 납세자인지 세금 체납자인지 알고 있으며, 어디에 살고 어디로 이사했는지 알고 있으며, 어느 날 어떤 지하철 타고 어디로 갔는지도 알 수 있다.

기업의 마케팅 담당자는 내가 어느 날 어느 백화점에서 어떤 물건에 관심을 보였는지 어떤 상품에 관심 있는지 나를 관찰했을 수도 있을 것이다. 누군가는 어느 날 언론의 뉴스 기사로 작성될 수도 있고, 내가 쓴 글이 미디어에 기록되기라도 하면 언제든지 검색이 가능한 시대다. 평판 조회 시장이 급속히 팽창하고 있는 현실을 고려하면, 유비무환의 자세로 투명한 삶을 지향할 필요가 있다.

당신의 가치, 개인평판의
가격을 올려라

"우리가 얻어야 할 교훈은 하나다.
고객의 삶에 가치를 더하는 마케팅이 가장 효과가 크다는 것이다."

가치 있는 브랜드로 마케팅하라

개인 브랜드의 가격을 높이기 위해 처음 당신이 해야 할 과제는 무엇일까? 바로 가치 마케팅(value based marketing)을 창조하는 것이다. 즉 자신을 가치 있는 브랜드로 마케팅하는 것이다. 마케팅이란 기업이 시장에서 자신의 상품을 팔기 위해 하는 다양한 활동을 의미한다. 곧 상품매매가 활발하게 전개되도록 기름을 붓는 행위라 할 수 있다.

평판이 미래다

그럼 지금의 나는 어떻게 소비자의 마음을 얻을 수 있을까? 통계적으로 볼 때 사람들이 필요로 하고 원하는 것일수록 그 가치는 높아지고 그 제품을 구매할 의향이 커지며 그 브랜드에 더욱 충성도를 보인다.

　여기서 한 가지 오해해서는 안 될 점이 있다. 가치 마케팅이란 무료 마케팅이 아니다. (이것이 의미가 있긴 하지만) 공익마케팅도 아니다. 다시 한번 강조하건대, 가치 마케팅의 전제는 나의 몸값을 올리는 것이며, 상품을 판매하고 더 많은 이익을 얻는 것이다. 이것이 가치 마케팅의 목표이자 결과이다. 그렇게 하지 못하면 가치 마케팅이 아니다. 여기서 우리가 얻어야 할 교훈은 하나다. 고객의 삶에 가치를 더할 때 마케팅이 가장 효과를 거둔다는 것이다.

　분명 우리는 지금 '가치 마케팅'이라는 새로운 유형의 마케팅을 향해 진화하고 있다. 사람들이 기꺼이 관계를 맺으려고 하는, 그들의 관심을 받는 대가로 무언가 의미를 제공하는 마케팅 말이다.

　기업의 마케팅의 성공, 즉 시장에서의 성공은 가치 있는 상품을 제공하는 것이다. 그리고 '고객에게 무엇을 말할 것인가'와 함께, '고객과 무엇을 함께 나눌까'를 고민해야 한다. 마찬가지로 나를 '가치 마케팅'하기 위해서도 먼저 준비해야 할 것이 있다.

1. 당신의 현재 가치를 파악하라 : 자산, 자본, 성과

2. 고객이 원하는 긍정적인 가치를 부여하라

3. 나의 가치를 타깃과 고객에게 적극적으로 알려라

1. 당신의 현재 가치를 파악하라 : 자산, 자본, 성과

첫째, 내가 누구인지를 규정한다. 나의 아이덴티티가 무엇인지 확인해야 한다. 나의 비전과 나의 역량, 나의 태도와 나의 신념, 내가 무엇을 이루고 무엇을 하려고 하는지를 밝히는 것이다.

둘째, 나의 강점은 무엇인지, 나에게 어떤 기회가 있는지 알아본다.

셋째, 나의 가치는 인간의 욕구 수준을 채울 수 있는 것인지 알아본다. 의식주 및 안전 등 생존 욕구를 채워줄 수 있는 가치인가, 애착 욕구(사랑, 소속감, 우정, 가족 등)를 충족하며 가치 있는 관계를 맺어줄 수 있는가, 존경, 성취 욕구가 가치가 있는가를 점검한다.

넷째, 지금까지의 일과 업에서 성공과 발전에 내가 이뤄낸 성과는 무엇인지 점검한다.

2. 고객이 원하는 긍정적인 가치를 부여하라

가치 마케팅을 창조하려면 우선 무엇이 사람들을 움직이는지 알아내야 한다. 그들에게 진정 무엇이 중요한지, 그들이 무엇을 갈망하는지, 그중에서도 지금까지 충족되지 못해서 남아 있는 욕구가 무엇인지 알아낼 필요가 있다. 그리고 그들의 욕구와 나의 가치가 상응하는지 판단해봐야 한다.

무엇을 원하는지 직접 물어보라. 내가 가진 강점과 기능이 고객의 필요에 맞지 않는다면 나의 강점이 아무 쓸모가 없으니 말이다. 나의 가치가 그들의 삶에도 더 큰 의미로 필요 충분 조건이 되었을 때, 비로소 긍정적 의미의 가치로 자리 잡을 수 있다. 이것이 바로 고객이 원하는 상위 수준의 가치다.

그렇다면 사람들이 진정으로 원하는 것이 무엇인가? 바로 더욱 풍부한 경험과 더욱 깊은 사회적 관계, 즉 그들 자신을 향상시킬 수 있는 길과 세상에 긍정적인 영향을 미칠 수 있는 길이다.

상품구매에서도 사람들의 가치부여가 작용한다. 스타벅스를 느끼기 위해 한잔에 5달러를 기꺼이 내놓고, 하인즈 케첩 병에 자신의 문구를 넣기 위해

20달러를 지불한다. 온라인뱅킹 서비스라면 계좌 이용 조건이나 금리가 다른 여느 은행과 똑같더라도 가치에 따라 사용자의 선택에 더욱더 높은 자신감을 심어줄 수 있다.

하이브리드카(hybrid car)는 투자 비용을 회수하려면 수십 년이 걸리지만 2009년 한해에만 매출이 500% 증가했다. 환경을 생각한다면 그것이 일반 자동차보다 좋다는 사람들의 '인식' 때문이다.

고객의 마음속에 필요한 것, 고객의 욕구를 정확히 알아보고 자신의 강점이 각 수준에서 어떻게 그러한 욕구를 충족할지 생각해보면 좋겠다. 다음 3가지 관점에서 이유를 찾아보자. 즉 '해법(solution)'이 되는가, '관계(connection)'를 맺을 수 있는가, '성취(achievement)'를 만들 수 있는가를 제시한다.

3. 당신의 가치를 타깃과 고객에게 적극적으로 알려라

프랑스 속담에 '잘 살려면 숨어 살라'는 말이 있다. 이 속담이 현재를 살고 있는 우리에게도 통용되는 것일까? 오히려 이 반대의 행동, 즉 속담과 다른 '숨지 말고 쇼(show)를 하라'고 제안한다. 내향적인 자세는 커뮤니케이션이 중요한 현대인들에게는 최악의 행동 패턴이다. 예를 들어 미디어에 노출되는 것을 꺼리고, 언론과의 인터뷰를 사양하며, 나에게 불리한 상황을 숨기고자 한다면 이것은 사실상 당신의 미래와 현재의 위치에도 전혀 도움이 되지 않는다.

오늘날처럼 세계화되고 정보가 사방팔방으로 넘쳐나는 상황에서 자신을 감추고 은폐하는 일은 가당치 않다. 당신과 관계를 맺기 원하는 이해관계자들은 당신이 굳이 보이고 싶어 하지 않는 것을 알아내려고 기를 쓰고 있다는 사실을 잊지 말아야 한다. .

당신이 오히려 밝히고자 원하는 뉴스가 있다면 직접 나서서 기자들과 인터뷰하고 보도되도록 노력해야 한다. 현재 당신의 위치나 이름이 알려진 명사나 유명인이 아니라면 더욱 그렇다.

"묻지도 말고 답하지도 말라."

이 말은 1990년대 초 클린턴 당시 미국 대통령이 미군 소속의 게이와 레즈비언들에게 던진 조언이다. 즉 알고 싶지 않은 일에 관해 구태여 이야기를 꺼낼 필요가 없다는 의미다. 한마디로 이것은 진실이 아니다. 어떤 타블로이드판 신문으로 유명해진 퍼블리시티 문구의 표현을 빌리면 '사람은 일단 물어보기 시작하면 모든 것을 다 알고자 한다.' 사람들은 일상생활의 영역에서 정보를 캐내고 싶어 한다. 특히 유명인이나 대중의 인기를 얻고 있는 연예인과 대기업과 그 기업의 최고 경영자, 혹은 이름난 정치인들보다 더 흥미를 끄는 대상은 없다고 해도 과언이 아니다.

정보가 넘쳐나고 치열한 정보경쟁 시장에서 눈에 띄는 것이 도움이 될까, 아니면 해가 될까? 자발적인 퍼블리시티는 도움이 될까? 한 분야에서 최고로 인정받기 원하는 사람이라면 눈에 띄는 것이 중요하다. 마케팅 이론에 의하면 눈에 익숙할수록 호감도는 늘어난다.

마케터는 특정 브랜드가 대중의 호감도를 얻었는지 알기 위해 '최초 상기율'이란 표현을 사용한다. 최초 상기율은 소비자들이 특정 주제를 접했을 때 그와 관련하여 어떤 브랜드가 소비자 마음의 사다리에 맨 위 칸을 차지하고 있는 경우를 말한다.

사람들에게 알려질수록, 눈에 자주 띌수록 사람들은 더 호감을 나타내며 친근감이 올라간다. 그리고 친근감이 올라가면 그 사람의 평판도 비례해서 올라간다.

평판 관리자가 해야 할 5가지 역할

1. 평상시에는 명성 관리를 하고 위기 시에는 위기 관리를 한다.

2. 각 이해관계자 그룹의 긍정적 가치를 확보하고 유지한다.

   이해관계자의 존경과 신뢰를 확보하고 유지하도록 힘쓴다.

3. 이해관계자의 부정적 가치를 소멸하거나 약화시키는 활동을 한다.

   이해관계자의 부정적 가치는 명예훼손, 중상모략, 비방, 사건 사고와 같은 뉴

   스가 발생할 때 일어난다.

4. 평판 주체의 이미지와 아이덴티티를 통합 관리한다.

   즉 직원이나 고객의 다양한 관점이나 시각을 일원화하고 공유한다.

5. 다양한 평판지수 요인들의 상호작용을 관리한다.

최고의 리더는 반드시 평판을 관리한다

좋은 리더가 좋은 평판을 만든다

– 평판 관리에 효과적인 리더십을 갖춰라

어떻게 성공 기업이 탄생하고 만들어지는가? 왜 어떤 기업은 위대한 기업으로 도약한 반면, 다른 기업은 망하거나 그저 괜찮은 기업으로 남아 있는 것인가?

오너 리더십이 바로 서야 그 그룹 내 모든 기업의 정상적인 기업경영과 평판 관리가 가능하다. 평판 관리에 실패하는 리더십은 결코 성공하지 못한다. 하지만 특히 지금 당장 변화를 시도하는 조직에게 평판 관리를 주도할 효과적인 리더십은 더욱 절실하다.

무엇을 하든지 전문가가 되어라. 오너로서도 그렇고, 그 분야의 근로자로서도 마찬가지다. 세상의 평판을 얻으려면 자신에게 진실하라. 그리고 타인에게 투명하라. 최고 지도자는 그를 따르는 사람들보다 더 높은 삶의 기준을 정해야 한다. 최고 지도자는 자신과 조직을 위해서라면 책임 이외에는 무엇이든 포기할 수 있어야 한다.

기업의 평판이 왜 중요할까?

01 경쟁적 우위를 지속시키는 자원이다.

02 기업이 적극적으로 축적해야 할 하나의 자본적 가치를 지닌다.

03 종업원, 소비자, 투자자의 긍정적 지지를 이끌어낸다.

04 고객의 구매 결정, 종업원의 입사 · 근무 · 근속 여부, 투자자의 투자 결정, 미
   디어의 보도 내용, 금융분석가의 어휘 구사 등에 영향을 미친다.

05 기업의 경영성과에 영향을 준다.

06 경쟁자와의 차별화와 경쟁적인 비교 우위를 만들어낸다.

개인의 과거와 평판이 클릭 한 번으로 드러나는 세상

평판 조회를 하면 개인의 과거가 고스란히 드러나는 세상이다. 누군가는 어느
날 언론의 뉴스 기사로 작성될 수도 있고, 내가 쓴 글이 미디어에 기록되기라도
하면 언제든지 검색이 가능한 시대다. 평판 조회 시장이 급속히 팽창하고 있는
현실을 고려하면, 유비무환의 자세로 투명한 삶을 지향할 필요가 있다.

"기업평판은 조직의 이해관계자, 즉 종업원, 고객, 공급업자, 투자자, 커뮤니티, 사회활동가, 미디어 등의 의견, 지각, 태도의 총체이다."

– 제임스 E. 포스트(보스턴대학교의 경영학 교수), 제니퍼 J. 그리핀(전략학 교수)

PART 5

평판 관리는
최고의
위기 관리 전략이다

Reputation ───

"인류의 생명을 지키고
삶의 질을 향상시키는 것이 우리의 사명이다.
우리 사업의 성패는
이 사명을 얼마나 달성했느냐에 달려 있다."

– **조지 머크** ('머크앤드컴퍼니'의 창업자)

01

인간은 왜
명성을 탐하는 것일까?

"이제 셀러브리티는 개인의 업적이나 성취이기보다는 산업적 성격을 띠고
명성의 상품화에 관련된 이들에게 수익을 안겨주는 브랜드로서
일종의 '금융자산'이 되었다."

명성을 가진 사람이 셀러브리티가 된다

미국의 경제전문지 〈포브스〉에서 스포츠 스타의 SNS 영향력 순위를 발표
했다. 1위는 SNS상호작용 8억 8,700만 회를 기록한 크리스티아누 호날두였다.
2위인 리오넬 메시(3억 6,700만 회), 3위인 네이마르(2억 8,900만 회)와는 차이가 큰
압도적인 1위다.

그야말로 셀러브리티(유명인)의 세상이다. 유명인 또는 셀러브리티, 셀럽은

대중에게 주목을 받고 영향을 끼치는 사람이다. 이 용어는 명성과 부를 가진 사람들이나 특정한 분야에서 엄청난 인기와 영향을 끼치는 사람을 뜻한다.

연예인과 스포츠 스타, 정치인만의 이야기가 아니다. 셀러브리티(셀럽)의 범주는 요리사와 건축가, 과학자, 경영자, 심지어 범죄자까지 넓혀졌다. 텔레비전 오디션, 리얼리티 프로그램, 인터넷은 평범한 시민을 '셀럽'의 세계로 불러내고, 명성을 쌓는 통로는 유튜브와 인스타그램으로 확장됐다. 우리는 모두 셀럽과 함께 살아간다 해도 과언이 아니다.

대부분 특정 분야(주로 스포츠와 연예 관련 분야)에서 성공적인 경력으로 유명인으로서의 명성을 얻을 수 있다. 이와 달리 자신의 부를 과시하는 사치스러운 생활과 엄청난 재산 공개로 언론의 관심을 끄는 사교계 명사들, 심지어 잘 알려진 범죄와 같이 악행을 저지르며 유명해진 사람들, 유명인들과 관련된 친척, 가족들도 명성을 얻을 수 있다.

명성을 가진 사람들은 대중으로부터 존경과 부러움을 받고 유명인으로 인정받는다. 대세(大勢)라는 용어로 지칭되기도 한다. 또한 이들이 가진 물건이나 행동들은 줄곧 화제가 되어, 크고 작은 유행을 일으키는 등 대중적이거나 문화적인 영향을 끼치기도 한다.

240

이 거대한 현상의 시작은 언제부터였을까? 호주 퀸즐랜드대학교 문화연구학과의 그레임 터너 교수는 100년 전 미국 영화계를 '뚜렷한 출발점'으로 삼는다. 그전까지는 영화사가 출연자 명단을 제시하거나 배우를 배역에서 독립된 정체성으로 홍보하지 않았다. 이 관행이 1910년을 전후로 바뀌었다. '스타'가 탄생하고 그의 사생활이 상품으로 전환됐다. 미디어와 인터넷의 발전은 변화를 촉진했다. 대중은 일반적 수용자에서 벗어났다. 평범한 사람들이 소셜 미디어 활동으로 명성을 얻는 '마이크로 셀러브리티'도 등장했다.

현대의 셀러브리티는 '상품'으로서의 생산과 소비 구조를 갖는다. 이제 셀러브리티는 개인의 업적이나 성취이기보다는 산업적 성격을 띠고 명성의 상품화에 관련된 이들에게 수익을 안겨주는 브랜드로서 일종의 '금융자산'이 되었다.

이제 명성은 상품인 동시에 인격체이고, 스펙터클한 동시에 평범해야 하는 모순이 존재하는 갈등구조로 성장하고 퍼져나간다. 이제 세상의 이름을 가진 모든 브랜드는 명성을 열망하고 소비한다. 대중의 셀럽 소비는 때론 창조적이고 장난스러우며 때론 사회적, 도덕적, 공동체를 확장하는 방식으로 이뤄진다.

1. 명성은 '타인의 눈에 비친 평판이나 가치평가'이다.

2. 명성은 '여론에 미치는 영향력이나 비중'이라고 말할 수 있다.

3. 과시적 소비와 과시적 여가는 이런 의미에서 동일한 목표를 추구한다.

4. 이런 행동을 보이는 사람은 주변 사람들로부터 최대한 좋은 이미지를 얻기 원한다.

5. 앞의 2가지 행동은 명성에 제공하는 효용이다.

6. 둘의 공통분모는 낭비와 사치에 있다.

7. 하나는 시간과 노력의 낭비고, 다른 하나는 재화의 낭비다.

8. 둘 다 개인의 소유를 겉으로 드러내는 수단이며, 같은 값어치를 지닌다.

9. 둘 중에 어떤 것을 선택하는가는 무엇이 더 효과적인가에 달려 있다.

10. 우리는 관객에게 무언가를 전달하고자 하는 배우와도 유사하다 할 수 있다.

11. 그러나 여러 가지 역할을 해내는 배우와 달리 우리는 항상 '명성'이라는 단 한 가지 목표만 추구한다.

인간이 명성에 집착하는 이유

그렇다면 인간은 왜 명성을 탐하는 것일까? 누가 나를 잘 보고 인정해주는 게 왜 그렇게 중요한 것일까? 인간이 명성에 집착하는 이유는 명성 그 자체가 중요하기 때문이 아니라, 그로 인해 발생하는 매우 구체적인 효용과 이득에 가치가 있기 때문이다.

주변 사람들이 긍정적으로 인식하고 있다면, 이는 그들이 어떤 결정을 내릴 때 유리하게 작용한다. 예를 들어 정원에서 플라밍고를 키우는 왕은 다른 사람들에게 자원이 풍부하다는 인식을 심어주므로, 이웃 국가들에게 군사 동맹의 파트너로서 관심을 갖게 한다.

베블런은 인간사회에는 이렇게 직접 눈으로 볼 수 없는 능력, 즉 숨겨진 자질을 간접적으로 판단하고 평가하는 데 도움을 주는 행동 이면에, 이런 식의 계산이 항상 존재해왔다고 말한다. 사회 규모가 너무 커서 전 구성원과 긴밀한 관계를 유지할 수 없는 경우에도 이 메커니즘은 작동한다.

이제 명성, 인기는 자산이다. 셀러브리티들은 그것만으로도 돈을 벌고 영향력을 행사한다. 이런 사회에서 평판 관리는 곧 자산을 관리하는 것과 같다.

이해관계자를 주목하라

"앞으로 기업의 평판 관리는 기업경영의 첫째 과제로서
이해관계자의 평판을 어떻게 효율적으로 관리하는가에 달려 있다."

기업의 평판 관리는 효율적인 이해관계자 관리에 달려 있다

기업이 평판 관리를 하기 위해서 가장 먼저 체크해야 하는 것은 이해관계자를 살펴보는 것이다. 이해관계자는 기업의 활동과 관련해 직·간접으로 이해관계를 맺고 있는 사회조직 또는 집단이다. 기업과 이해관계자는 상호 관련성을 가진다. 이해관계자는 기업이 제품이나 서비스를 생산하고 판매하는 과정에서 서로 영향을 주고받으며, 기업의 마케팅이나 경영 활동 과정에서 수반되는 사회문제나 이슈에 대한 기업의 태도에 영향을 끼친다. 기업은 이해관계자의 평판에 따라 번영하기도 하고 쇠퇴하기도 한다.

기업은 이해관계자의 요구, 기대, 이익, 영향에 근거하여 기업경영에 이해관계자들을 참여시키고 그들과 지속적 관계를 구축해야 한다. 기업은 다양한 이해관계자가 있을 경우 우선순위를 정할 수 있으며, 그들과 순차적으로 대화를 이끌어가야 한다. 기업은 오직 이익 창출을 통해 주주를 만족시켜야 한다는 과거의 주주 경영 패러다임에서 탈피, 기업을 둘러싼 모든 이해관계자의 이익을 균형적으로 만족시켜야 한다는 이해관계자 경영 패러다임을 실천해야 한다.

앞으로 기업의 평판 관리는 기업경영의 첫째 과제로서 이해관계자의 평판을 어떻게 효율적으로 관리하는가에 달려 있다고 할 수 있다.

이해관계자란 무엇인가

이해관계자(stakeholder)에 대한 개념은 1963년 미국 스탠퍼드대학교 연구소(Stanford Research Institute)의 한 연구에서 최초로 사용한 개념인데, 요즘에는 다양한 각도에서 영구 적용되고 있다.(Freeman 1984) 이해관계자에 대한 최초 개념은 조직이 존재하는 데 지원을 받지 않는 그룹을 의미했다. 그 이후 안소프(Ansoff, 1965)는 이해관계자에 대해 연구를 수행하면서, 기업의 목적이 기업 내

다양한 이해관계자들의 요구를 조율하는 것으로부터 시작해야 한다고 지적했다. 그러나 그가 내린 이해관계자의 정의에도 한계점이 있었다. 즉, 기업을 지원하지 않는데도 기업에 영향력을 행사하는 이해관계자는 물론, 이들과 기업 상호 간의 영향 가능성은 고려하지 않았다는 점이다.

당초 이해관계자는 기업의 주주, 고객, 지원, 공급업자 및 기타 기업의 생존에 필요한 여러 사람으로 간주하였으나, 딜(Dill, 1975)은 이해관계자의 범위를 좀 더 확대하여 소비자단체 등과 같은 회사 외적인 부분들도 포함해야 한다고 제안했다.

1980년대 들어, 이해관계자와 관련된 논의가 프리먼(Freeman, 1984)에 의해 활발히 진행되었다. 그는 이해관계자를 "기업 자체나 기업 행위에 영향을 미칠 수 있는 그룹이나 조직으로 기업에 도움이 될 수도 있고, 해를 입힐 수도 있다."라고 정의했다. 그리고 이해관계자를 고객, 종업원, 주주, 공급업자, 광고회사, 경쟁업체, 정부기관 등으로 분류했다.

1990년대 이해관계자와 관련된 연구는 1980년대 프리먼이 제기한 이해관계자라는 개념을 조직의 관계에 대한 다양한 지각 정도에 따라 새롭게 해석했다.(Windsor,1992 : Mitchell, Agle & Wood, 1997) 즉 광범위하게 조직과 관계가 있는 이해관계자는 대중의 의견으로 분류했으며, 중요도에 따라 1차, 2차 이해관

평판이 미래다

계자로, 또한 조직과의 관계에 따라 상황적 이해관계자로 분류해서 설명했다.

이해관계자의 행동은 각자 가지고 있는 문제에 따라 달라진다

이해관계자들은 자신의 목표달성을 위해 기업에 커다란 영향을 미치고 영향을 받는 관계에 놓여 있다. 이때 그 영향은 긍정적 영향뿐만 아니라 부정적 영향까지도 포함하게 된다.

이해관계자를 분류하는 방법은 시대별로 여러 학자가 다양하게 제시하고 있다.

캐롤(Carroll, 1989)은 이해관계자의 범주에 따라 기업의 이해관계자를 소유권(ownership)을 기반으로 한 이해관계자, 권리(rights)를 기반으로 한 이해관계자, 이익 또는 이해(interest)를 근간으로 한 이해관계자로 구분하였다.

소유권이란 자본을 출자한 대가로 주어지는 기업의 자산 또는 각종 재산에 대한 법률적 청구권을 의미한다. 현대 기업에서 경영자를 기업 경영의 주체로 간주한다면 소유권에 근거한 이해관계자는 대주주와 일반주주(소액주주)이다.

권리란 기업의 생존과 경영활동에 필요한 각종 투입물과 에너지를 제공한 것에 대해 보호받아야 할 청구권이 있음을 의미한다. 이를테면 노동력제공의 대가로서 임금과 근로조건, 제품구매의 대가로서 품질과 서비스, 자금제공의 대가로서 원금과 이자, 부품제공의 대가로서 납품 대금과 계약이행 등에 대한 청구권이 해당한다. 이러한 권리의 청구권이 있는 근로자, 노동조합, 소비자, 채권자, 공급기업 등이 권리기반의 이해관계자 집단이다.

이익 또는 이해란 어떤 결정이나 행동에 영향을 받는 것을 의미한다. 넓게 해석하면 소유권이나 권리를 모두 포함하지만 좁게 해석하면 이것을 제외한 이익 및 손해 관계가 있음을 의미한다. 이들 집단에는 지역문화보존단체, 환경보호운동단체 등이 속한다.

이와 유사하게 기업과 계약관계를 맺고 있으며, 기업에 직접적으로 경제적 영향을 끼치는 집단을 1차적 이해관계자와 기업의 경제적 활동에 관여하지는 않으나 기업에 영향을 끼치거나 영향을 받는 2차적 이해관계자로 분류하기도 한다. (Carroll,1989 ; Wood, 1990)

미첼 등(Mitchell et al., 1997)은 이해관계자의 영향력(power), 정당성(legitimacy), 시급성(urgency)에 따라 잠재적(latent) 이해관계자, 기대적(expectant) 이해관계자, 정의적(defenitive) 이해관계자로 분류했다.

영향력은 자신이 원하는 결과를 얻어낼 수 있는 능력이며 사적 행위자가 다른 사회적 행위자에게 무언가를 하게 하는 힘이다. 영향력은 힘, 위협 등의 강제력과 규범 등의 상징적 영향력을 기반으로 한다.

정당성은 사회구성체계 내의 규범, 가치, 신념, 정의에 기초를 둔다. 정당성은 조직의 행동이 바람직하거나 정당하며 적당하다고 생각하는 일반적인 인식이나 가정을 말한다.

긴급성은 이해관계나 권리가 시간상으로 민감하거나 해당 이해관계자에게 매우 중요하며 이해관계자의 요구에 즉각적인 관심을 기울여야 하는 정도를 말한다. 시간의 촉박함과 요구나 관계의 중요성을 기초로 하고 있다.

또한 다울링(Dowling, 2001)은 이해관계자의 기능에 따라 규범 집단(nomative group), 직무집단(functional group), 확산집단(diffused group), 고객(customer)으로 구분했다.

규범 집단은 기업의 활동에 일반적 규칙과 규제를 가하는 이해관계자 집단이다. 정부 기관, 투자자, 애널리스트, 신용등급기관, 전문가집단, 주주, 이사회 등이 있다.

직무집단은 기업활동을 촉진하고 고객에게 봉사하는 집단으로 이해관계자그룹 중 가장 눈에 띄는 존재다. 종업원, 공급사, 노동조합, 제조업자, 서비스 공급자 등이 직무그룹에 포함되며, 이중에서 가장 중요한 집단은 종업원이다.

확산 집단은 기업에 관심을 가지는 특정유형의 이해관계자로, 이들이 주목하는 이슈는 다양하다. 이중에서 가장 중요한 이해관계자는 미디어와 언론이다.

마지막으로 이해관계자 중 가장 주요한 대상은 바로 고객이다.

학자들의 이러한 이해관계자 분류가 모든 기업에 똑같이 적용될 수 있는 것은 아니다. 따라서 각각의 기업은 그들에게 중요한 이해관계자 집단을 정확하게 규정하고 파악해야 한다. 이해관계자는 배타적이거나 정적인 개념이 아니다. 즉 이해관계자가 하나 이상의 의미를 지니기도 하며, 이들의 관계는 수시로 변할 수 있다. 이렇듯 환경의 변화에 따라 경영자는 상대하는 이해관계자에 관해 더욱더 효율적인 예측과 대처가 가능하도록 준비해야 한다.

또한 이해관계자의 행동은 각자 가지고 있는 문제에 따라 달라진다는 것을 알아야 한다. 기업이 이해관계자들의 행동에 적절히 대응하거나 이해관계자의 행동을 추정, 평가, 및 파악하기 위해서는 다양한 이해관계자 집단의 주된 관심사를 미리 조사하여야 한다.

기업평판 관리의 1단계는 이해관계자와 대화하기다. 기업의 평판 관리는 다양한 이해관계자와의 활동이라고 해도 과언이 아니다. 그들과 기업의 정체성을 공유하고 명성과 신뢰를 쌓고 존경과 호감도를 높이며 긍정적 가치를 창조하고 알리고 사고나 위협 등에 대처해 나가는 모든 것이 평판 관리가 된다.

학 자	개념 정의
Standford memo (1963)	이해관계자들의 지지 없이는 기업이 존재할 수 없는 집단
Rhenman (1964)	이해관계자들은 그들의 개인적인 목적을 성취하기 위해 기업에 의존하며, 기업은 생존을 위해 이해관계자들에게 의존함
Ahlstedt & Jahnukainen (1971)	그들 자신의 이해나 목적에 따른 움직임이 기업에 영향을 미치며, 그것을 위해서 기업은 존재함
Freeman & Reed (1983)	넓은 의미 : 기업조직의 생존 및 기업의 목적 달성에 영향을 받거나 영향을 주는 개인/집단 좁은 의미 : 기업은 이해관계자의 계속되는 생존에 달려 있음
Freeman (1984)	기업조직의 목적 달성에 영향을 줄 수도 있고 영향을 받을 수도 있는 개인/집단
Cornell & Shapir (1987)	'계약서'를 가지고 있는 '요구자들'
Evan & Freeman (1988)	기업의 행위에 따라 이익을 얻거나 손해를 보는 개인/집단, 그리고 그들의 권리를 기업의 행위에 따라 침해당하거나 존중받는 개인/집단
Bowie (1988)	이해관계자의 지지 없이 기업은 존재할 수 없음
Alkhafiji (1989)	기업이 책임질 의무가 있는 개인/집단
Carroll (1989)	하나 혹은 그 이상의 이해를 갖기 위해 주장하는 집단, 기업의 자산 혹은 소유물에 대한 소유권이나 법적 자격에 대한 권리의 이해관계가 있는 개인/집단
Freeman & Evan (1990)	주주와 반대되는 개인/집단
Thomson et al. (1990)	기업조직과 관련이 있는 개인/집단
Savage et al. (1991)	조직의 행동에 이해관계를 가지며 그것에 영향을 미칠 자격이 주어진 개인/집단
Hill & Jones (1992)	기업에 법적 권리를 가지고 있는 구성원들은 상호교환관계를 성립하며, 기업에 중요한 자원을 공급하며 이해관계를 가짐
Brenner (1993)	환거래, 행동 영향력, 도덕적 책임과 같이 기업 조직과 합법적이고 중요한 관계를 맺는 개인/집단
Carroll (1993)	비즈니스에 영향을 줄 수도 있고 영향을 받을 수도 있는 하나 혹은 그 이상의 이해관계를 가지고 있다고 주장하는 개인/집단

Freeman (1994)	공유의 가치창조에 대한 휴먼프로세스에 참여하는 개인/집단
Wicks et al. (1994)	기업에 대한 의미나 정의와 상호작용하거나 의미나 정의를 부여하는 개인/집단
Langtry (1994)	기업이 그들의 복리에 책임이 있거나 그들이 기업에 도덕적 혹은 법적 권리를 가지고 있는 것
Starik (1994)	어떠한 조직에 의해 영향을 주거나 받을 수 있는, 혹은 영향력이 있거나 잠재적으로 영향력이 있는 개인/집단

[연대별 이해관계자 개념]

(출처 : Ronald, K. & Bradley R. A. (1997), Toward a theory of stakeholder identification and salience : Defining the principle of who and what really counts, Academy of Management Review. p.858.)

평판이 미래다

03

아이덴티티 vs 이미지 vs 평판

"기업 아이덴티티는 다양한 이해관계자에게 조직 자체를 나타내는 표상이다.
그리고 다른 조직과 구별시키는 수단이 된다."

아이덴티티 : 나는 누구인가? 무엇을 하는가?

이 세상에 이름을 가진 모든 브랜드의 평판은 명확한 아이덴티티에서 시작된다. 아이덴티티는 본래 사람이 가지는 퍼스널리티에서 비롯돼, 그 사람만이 가지는 개성과 성향, 가치와 의미를 나타낸다. 사람뿐 아니라 모든 사물과 브랜드는 차별화된 아이덴티티에서 이미지가 구축되고, 이런 이미지 위에 시간성과 이해관계자의 관계성이 결합하여 브랜드 평판이 형성된다.

아이덴티티는 '나는 누구인가'에 대한 답이다. 반면, 이미지와 평판은 '남이 생각하는 나는 누구인가'에 대한 답이라고 할 수 있다.

'아이덴티티'라는 단어는 흔히 '정체성'으로 번역된다. 아이덴티티란 사전적으로는 '자아동일성', '주체성', '정체성' 등과 동의어로 쓰이며 그 사람의 성향, 목표, 의미를 뜻한다. 콜린스 영한사전에 따르면 '사람이나 사물이 인지하는 것에 의한 개별적 특성'이다.

이런 아이덴티티는 다른 사람으로부터 한 사람을 구별할 수 있는 수단인 개별성(individuality)으로 추론된다. 이런 아이덴티티의 차별화는 시각적 단서들, 예를 들어 의상, 몸짓 헤어 스타일 등의 영향을 받을 수 있지만 그것이 전부는 아니다. 우리는 시각적 단서뿐만 아니라 언어, 행동, 독특한 버릇과 같은 단서들에 의존하게 된다.

아이덴티티(identity)의 어원을 밝혀보면 라틴어 'identitas', 'identicus'를 변형한 형태로 '동일하다'는 의미를 가지고 있다. 사전적으로 아이덴티티는 '본래의 성질' 또는 '본래의 가치'를 의미한다. 학문적으로는 '세계관, 가치관이 정립된 주체의식'을 의미하기도 한다. 본질적으로 아이덴티티는 '나는 누구인가'에 대한 답으로 자의식과 같은 의미를 가지고 있다. (사득환, 2008)

평판이 미래다

개인의 아이덴티티는 내가 어떻게 생겼는가와 같은 '신체적 특징', 일정한 활동을 통해 인지되는 '활동적 특징', 가족과 같은 외부 대상들과의 관계를 통해 만들어지는 '사회적 특징', 성격과 같은 '심리적인 특징'의 4요소로 인식한다. 아주 단순하게 아이덴티티를 정의해보면 '내가 정의하는 나 자신'이다. 즉 'Who am I?'라는 질문에 스스로 만든 답안이라고 말할 수 있다.

개인뿐만 아니라 조직도 아이덴티티를 가진다.(Bernstein, 1986) 기업 아이덴티티는 다양한 이해관계자에게 조직 자체를 나타내는 표상이다. 그리고 다른 조직과 자체를 구별하는 수단이 된다. 조직 아이덴티티는 '그 조직은 무엇인가?', '그 조직은 무엇을 이행하는가?', '그 조직은 어떻게 행동하는가?'를 명확히 표현해준다. 그리고 그 조직의 비즈니스 방식과 채택되는 정책과 전략을 연결한다. (Olins, 1990) 모든 조직은 조직 아이덴티티를 가진다고 할 수 있다. (Abratt, 1989; Bernstein, 1986; Olins, 1990)

브랜드 아이덴티티는 브랜드 네임, 심벌, 개성, 이미지, 바람직한 연상과 같이 브랜드에 대한 소비자의 지각 형성에 영향을 미치는 다양한 요인이 혼합된 복잡한 개념이다. 경영의 관점에서 보면, 브랜드 아이덴티티는 결국 브랜드에 대한 연상과 개성으로 형성된 인지도, 이미지, 품질 인식, 고객 충성도 등을 포괄하는 개념이다.

아커(Aarker,1996)는 브랜드 아이덴티티를 특정 브랜드만의 독특한 연상 이미지의 집합이라고 정의하고 이것은 '브랜드가 무엇을 의미하는지', '기업이 고객에게 어떤 약속을 제시하는지'를 표현한다고 했다. 우리는 브랜드를 말할 때 그것이 기업 브랜드(corporate brand)인지, 제품 브랜드(product brand)인지 구별해 인식할 필요가 있다.

이미지와 평판

이미지에 대한 설명은 매우 다양하다. 이미지는 관찰자들의 마음속에 자리 잡은 개념들의 배치상태를 설명하는 데 사용된다.

다울링(Dawling, 1986)에 따르면, 이미지는 의미들의 세트다. 사람들은 의미 세트에 의해 대상을 알아보고 묘사하고, 기억하고, 관련 짓는다. 이미지는 대상에 대한 개인의 믿음, 생각, 느낌, 인상의 상호작용 등의 총체적 결과다.

이해관계자들이 조직의 특성과 마주치면서 형성된 기업 이미지는 각 이해관계자가 조직에 대해 가지는 경험, 신념, 느낌, 지식과 인상 등 상호작용의 결과다. 기업 이미지는 기업에 속한 것이 아니며 사람들이 기업을 어떻게 받아들이느냐는 것이다. 이 과정에서 기업 커뮤니케이션은 아이덴티티를 이미지로 변환시키는 역할을 수행한다. (Ind, 1990)

기업 이미지는 무엇으로 이루어지는가? 이에 대한 학자들의 의견은 다양하다. 먼저 기업 이미지를 2가지 요소로 생각하는 학자들로 케네디(Kennedy, 1977), 브라운과 데신(Brown & Decin, 1997), 다울링(Dowling, 2001)을 들 수 있다.

케네디는 이미지에는 기능적 요소와 감성적 요소가 있으며, 기능적 요소는 쉽게 측정될 수 있는 유형의 실마리와 관계가 있고, 감성적 요소는 느낌과 태도와 같은 심리적 상태와 관련이 있다고 했다.

브라운과 데신은 기업 이미지가 제품과 서비스를 생산하고 전달하는 전문성인 기업 능력(corporate ability)과 기업의 사회책임(corporate social responsibility)으로 구성된다고 했다.

다울링은 기업 이미지를 크게 친근감과 관련성으로 파악하며, 관련성에는 신뢰성, 혁신성, 성공, 훌륭한 관리, 전문성, 환경에 대한 관심이 포함된다고 했다.

기업 이미지에 대해 3원적 접근법을 가진 학자들도 있다. 윈터스(Winters, 1986)는 기업이미지는 기업행동, 사회적 행동, 기업공헌 등 3가지로 구성된다고 했다. 기업행동 요인에는 좋은 서비스, 적정한 가격, 좋은 품질의 제품생산이 포함된다. 사회적 행동에는 환경 보전에 대한 관심, 공공 이익에 대한 관심, 적정 세금의 납부 등이 포함된다. 기업공헌에는 문화예술에 대한 투자, 보건, 교육, 사회복지 프로그램에 대한 기부 등이 포함된다.

또한 다수 연구자가 기업 이미지를 설명하면서 인간의 퍼스널리티(personality)를 표현하는 용어를 사용하기도 한다. 제니퍼 아커(Jennifer Aaker, 1997)는 기업 브랜드 퍼스널리티에 대한 양적 척도는 성실(sincerity), 열정(excitement), 경쟁력(competence), 세련됨(sophistication), 강인함(ruggdness) 등 5차원 42항목으로 구성되어 있다고 주장한다.

데이비스 등(Dvies et al.,2003)은 기업 이미지에 대한 7가지 주요 차원으로 구성된 기업 퍼스널리티를 측정하기 위한 척도를 개발했다. 여기에는 호감(agreeableness), 기업가적인(enterprise), 경쟁력 있는(competence), 세련됨(chic), 거친(ruthlessness), 남성스러움(machismo), 자유분방함(informality) 등이 포함된다.

평판 관리의 차원에서 기업 이미지는 기업 아이덴티티가 외부에 투영되어 고객들의 마음속에 형성되는 것이다. 또한, 기업 아이덴티티와 기업평판 사이에서 기업 커뮤니케이션 과정의 한 요소로 구성되어 있다. 평판은 이미지의 상징적 특성과 달리 기업이 지나온 과거 행동과 역사에 기반을 두고 이해관계자와 일반 공중에게 축적된 평가이며, 더 나아가 기업의 미래 행동에 거는 기대까지 포함하는 행동 기반의 실체적 특성이라고 할 수 있다. (한은경, 유재하, 2003; 장우성, 2006)

평판은 명확한 아이덴티티에서 시작된다. 차별화된 아이덴티티에서 이미지가 구축되고 그 이미지 위에 시간성과 이해관계자의 관계성이 결합되어 평판이 형성된다. 아이덴티티, 이미지, 평판은 각자 다른 의미를 가지고 있지만 결국 떼려야 뗄 수 없는 관계인 것이다.

세계적인 관광지를 만드는 방법 : '사랑'을 테마로 하라

미술 전공의 이철희 작가는 '미술이 도시를 살리다'라는 주제의 강의를 통해 '사랑'이라는 스토리와 테마가 있는 관광지는 성공한다고 말한다. 그가 말한 사랑을 주제로 한 세계 유명관광지 사례 6곳을 소개한다.

1. 괌의 '사랑의 절벽'이다. 이곳은 젊은 연인들의 사랑의 장소이며 남녀의 머리가 헝클어져 묶여 있는 조각 작품으로 유명하다. 장소의 명칭이자 지명인 '투러브스 포인트'는 괌 해변의 절벽이다. 이곳은 과거 스페인 통치 시절 총통의 딸과 원주민의 러브 스토리가 소재이다. 스페인 귀족의 딸과 인디언 원주민 남자가 서로 사랑에 빠졌지만 부모의 반대에 부딪히자 도망을 가게 되고, 결국 사랑의 절벽에서 머리카락을 서로 묶고 깊은 바닷속에 빠져 숨지며 사랑을 마감한 장소로 알려진 곳이다. 노을이 아름다운 장소로 커다란 레스토랑이 있고 기념품 가게와 머리 묶인 남녀의 조각상으로 유명 관광지가 됐다.

2. 프랑스 '나는 너를 사랑해 벽면'이다. '사랑해'라는 글씨가 세계 각국의 250개 언어로 쓰여 있다. 몽마르트 아베소 광장에 있다. 프리드리히 작가의 아이디어서 출발한 것으로 그 글씨를 보려고 많은 사람들이 모여든다.

3. 러시아에서 독립한 조지아 바토미시의 '알리와 니노'라는 조각 작품이다. 토르소 형태 붙었다 떨어지는 이동형 키넥틱 조각상 '맨 앤 우먼' 조각품이다. 소년 알리아 조지아 공중의 사랑을 테마로 8분마다 떨어지고 붙는 조각품이다. 이 조각품은 소설 『알리와 니노』가 배경이다. 이루어지 못한 사랑을 테마로 한 '한 도시의 남과 여'라는 작품이다.

4. 미국의 로버트 인디애나가 만든 '러브'라는 아트 글씨의 미술품이 배경이 된 도시들이다. 북미 26개 도시에 러브라는 단순한 아트 글씨를 조형화한 작품이 도시 곳곳에 설치되어 사람을 모은다. 너무나 평범한 아트 작품이지만 러브(LOVE)라는 글씨가 사람을 모으는 역할을 한다.

5. 우크라이나 관광지 키부의 조각 공원이다. 2차 세계대전 당시 포로수용소에서 만난 여인과의 사랑의 약속과 헤어짐이 스토리의 배경이다. 전쟁으로 헤어진 후 60년이 지나서 80대 노인이 재회하는 스토리와 테마로 만든 도시와 조각 공원이다. 노부부 조각상이 있는 조각 공원이 명소가 되어 사람을 모은다. 남자 루이즈와 여자 몽니나의 만남과 헤어짐을 소재로 한 조각상, 헤어짐과 상봉을 기념한 조각 공원은 변치 않는 사랑의 징표로 유명해졌다.

6. 이탈리아 베로나의 줄리엣의 집이다. 이곳은 줄리엣 동상 조각 작품으로 유명하다. 셰익스피어의 『로미오와 줄리엣』을 소재로 한 러브 스토리를 바탕으로 연출된 장소로 마당 가운데 있는 줄리엣 조각상이 유명하다. 가슴을 만지면 사랑이 이루어진다는 스토리를 만들어 가슴 부분이 빛을 바래 더욱 유명하다. 이곳은 〈줄리엣의 편지〉라는 영화의 배경이 된다. 소설 속 사실과 전혀 상관없이 연출된 장소이지만 실제 사건이 아니어도 성공한다는 것을 증명한 사례이다. 이곳은 유네스코 세계문화유산에 등재되어 있다.

이들 사례는 3가지 패턴으로 성공한 유명 도시와 장소가 되었다.

1. 반드시 사실에 근거할 필요는 없다. 베로나의 줄리엣의 집처럼 연출된 공간으로서 꼭 실제 사건과 연루될 필요는 없다는 것이다.
2. 호기심이 생기는 스토리를 만들어라. 뉴욕의 황소 조각 스토리를 참고로 우리나라의 가평 연인산, 백령도 사또의 딸, 비금도 하트 해변, 김포의 애기봉 이야기, 포항 소모양 하트 관광지 등도 사랑을 테마로 관광객을 유도하는 도시 개발이 가능하다.
3. 사랑을 테마로 하면 비용이 많이 들지 않는다. 저예산으로 스토리 관광지를 만드는 것이다.

04

평판 관리를 위한
마케팅과 브랜딩 전략

"마케팅 전략으로 활용되는 관계 마케팅 개념을
평판 활동과 연계해 이해하면 평판 관리의 전략으로 바꿀 수 있다."

평판 관리에 마케팅 전략을 활용하라

기업과 소비자의 교환을 창조하는 과정을 마케팅의 본질이라고 본다면, 평판 관리의 본질은 기업의 아이덴티티를 확립해 이해관계자에게 커뮤니케이션을 통하여 신뢰를 얻고 특별한 이미지를 구축하는 과정이라고 할 수 있다.

기업은 마케팅 전략과 마케팅 믹스 프로그램으로 소비자를 관리하고 소비자 행동에 영향을 미치려고 한다. 기업의 평판 관리를 위해 이런 마케팅 전략의 수립과 활용은 이제 선택이 아니라 필수다. 즉 기업은 경쟁사와 구별되는 제품과 서비스를 개발하고, 적절한 가격과 유통채널을 확보하고, 아울러 효과적인 프로모션 전략으로 마케팅을 수행해야 한다. 이런 마케팅 노력은 또한 기업의 평판 관리의 일환이 되는 것이다.

마케팅 전략의 핵심은 하나의 제품 시장을 세분화해 표적 시장을 선정하고, 각 시장에서 경쟁우위를 달성할 수 있는 제품 포지션을 확보하기 위해 통제 가능한 마케팅 믹스계획을 수립하는 것이다. 이는 마케팅 활동의 기본 골격이라 할 수 있다.

마케팅 전략 수립과정

1. **마케팅 조사**
2. **3C 분석** : 고객, 자사, 경쟁사 분석
3. **STP 수립** : 세분화, 타겟팅, 포지셔닝
4. **마케팅 믹스** : 상품 전략, 가격 전략, 유통 전략, 촉진 전략

마케팅 전략 수립과정은 1단계 마케팅 조사, 2단계 3C 분석(고객, 자사, 경쟁사 분석), 3단계 STP 수립(세분화, 타겟팅, 포지셔닝), 4단계 마케팅 믹스(상품 전략, 가격 전략, 유통 전략, 촉진 전략)로 요약할 수 있다.

구성요소 중 가장 중요한 것은 시장 세분화, 타겟팅, 포지셔닝이라 할 수 있다. 이 3요소를 간략히 설명하면 다음과 같다.

하나의 제품시장을 기업의 마케팅 믹스 전략을 효율적으로 수행하기 위해 여러 개의 집단으로 나누는 과정을 시장 세분화(market segmentation)라고 한다. 시장 세분화를 위해서는 각 세분 시장의 인구 통계적 및 심리적 특성과 소비자 구매 빈도와 구매량 같은 행동 특성에 대한 정보 수집을 선행해야 한다.

여러 개의 세분 시장 중 그 기업이 소비자의 욕구를 가장 잘 충족시킬 수 있고 경쟁력을 확보할 수 있는 시장을 선정하는 것을 표적 시장의 결정, 즉 타겟팅이라고 한다.

한편 소비자의 마음속에서 자사 브랜드가 경쟁 브랜드와 비교해 상대적으로 차별화된 위치를 차지하는 것을 포지셔닝이라고 한다.

평판 관리를 위한 관계 마케팅 - 관계를 팔아라!

마케팅 전략으로 활용되는 관계 마케팅 개념을 평판 활동과 연계해 이해하면 평판 관리의 전략으로 바꿀 수 있다. 즉 관계 마케팅은 평판 관리와 그 차이점을 굳이 나눌 필요가 없을 만큼 동일한 의미로 활용할 수 있다.

마케팅 콘셉트는 처음에는 생산 중심에서 출발해 상품 중심, 판매 중심, 마케팅 중심, 사회적 마케팅 중심, 개별 마케팅 중심의 단계로 고객의 만족도를 높이는 방향으로 발전되고 있다.

평판 관리 역시 이해관계자와 사회적 관계에 초점을 맞추는 게 중요하다. 관계 마케팅은 마케팅 활동의 중심 가치가 고객 만족으로 가치가 진화하면서 대두된 개념이다. 다시 말해 '어떻게 하면 고객과 전략적 관계를 구축할 수 있을까?' 하는 문제를 다루는 활동으로 요약할 수 있다.

전략적 관계란 고객과 창의적인 관계를 구축하는 것을 의미한다. 제품만 판매하는 것이 아니라, 브랜드에 대한 만족을 신뢰를 거쳐 충성 혹은 몰입에 이르도록 이끌어가는 것이다. 제품을 팔아 당장 현재의 매출을 올리는 것보다는 관계를 통해 지속적이고 안정적인 시장 확보와 확대에 더 큰 가치를 두는 것이 관계 마케팅이다. 따라서 '제품 판매'가 아닌 '관계 판매'가 콘셉트라

평판이 미래다

할 수 있다.

이렇듯 관계를 판매해야 한다는 개념을 평판 관리 영역에 적용해야 하는 이유는 무엇일까? 평판 관리 활동이란 내·외부의 이해관계자들에게 자신의 정체성을 알리고 이미지를 만들어 자신을 신뢰해달라고 주장하는 관계 마케팅의 본질과 같기 때문이다.

평판 관리 이론가인 찰스 폼브런(Charles J. Fombrun)은 기업의 평판 자본으로 2가지 핵심 요소를 제시한다. 평판 자본은 크게 브랜드 자산과 사회적 자본으로 구성된다. 이때의 사회적 자본은 다시 구조적 자원과 관계적 자원으로 나뉘고, 이 관계적 자원 관리를 바로 관계 마케팅의 전술과 평판 관리 차원의 세부 전술로 활용할 수 있다.

평판자본 관리의 하부 시스템인 구조적 자원 관리란 기업과 이해관계자 간 네트워크 속에 얼마나 다양한 개인과 조직이 포함되어 있는지, 그들 관계의 연결 강도는 어떠한지, 얼마나 촘촘하게 연결되어 있는지를 따진다.

관계적 자원은 기업과 이해관계자 간 관계의 질과 관련이 깊다. 즉, 관계적 자본은 개인과 개인, 개인과 조직, 조직과 조직 간의 개별 관계에서 발생하는 관계의 질에 초점을 맞춘다.

고객들은 브랜드로 구매를 결정한다

브랜드는 소비자에게 가치를 제공하고 기업의 평판을 높이는 촉매나 도우미 역할을 수행한다.

마케팅의 대가인 필립 코틀러(Philip Kotler)는 좋은 브랜드의 중요성을 다음과 같은 실험을 통해 확인했다.

아름다운 2명의 여성 사진을 보여주고 어느 쪽이 아름다운지 처음으로 물었을 때는 50:50의 응답 결과가 나왔다. 그리고 실험조정자가 한 여성의 사진에는 제니퍼(한글로는 '전아름'이라고 하자.)란 이름을, 다른 한 여성의 사진에는 거트루트(한글로는 '권말순'이라고 생각해보자.)란 이름을 붙이고 다시 물었을 때 조사 대상의 80%가 제니퍼(전아름)란 이름이 붙은 여성의 사진이 아름답다고 대답했다.

작은 의미의 브랜딩은 단순히 외형으로 나타나는 표식, 이름에 국한되는 것이지만, 큰 의미의 브랜딩을 하라고 제안한다.

브랜딩은 마케팅의 핵심요소이자, 마케팅의 또 다른 이름이다. 마케팅이란 시장(market)에서 사고파는 매매(교환) 행위를 현재 진행형(-ing)으로 만드는 것이다. 그리고 매매(교환)행위를 활발하게 만드는 핵심 요소가 바로 브랜딩 (Branding)이다.

판매자와 구매자 사이에 교환이 일어나기 위해서는 판매자가 먼저 구매자에게 매력적인 상품 가치를 제공해야 한다.

그리고 가치 제안은 명확하고 짧은 한마디면 충분하다. "인물 사진에 강하다 캐논." "침대는 가구가 아니다 과학이다 에이스 침대." "우리 강산 푸르게 푸르게 유한킴벌리." "나는 자연인이다 광동탕." "다르게 생각하라(Think different) 애플." "곧바로 실행하라(Just do it) 나이키." 등이다.

고객은 이제 브랜드로 구매를 결정한다. 그럼 고객은 무엇을 기준으로 브랜드를 판단할까? 그것은 바로 '신뢰성'이다. 스타벅스 회장인 하워드 슐츠는 이렇게 말한다.

"오늘날 현대인들은 그 어느 때보다 폭넓은 선택권을 가지고 있습니다. 그래서 나는 브랜드가 고객이 믿고 건널 수 있는 신뢰의 다리가 되어야 한다고 생각합니다."

브랜드 가치는 고객의 신뢰도와 존경심에서 비롯된다. 한 브랜드가 가지는 인지도와 선호도는 곧 그 브랜드 파워가 되는 것이다.

브랜드 자산, 또 하나의 평판자본

브랜드 자산은 평판자본의 첫째 요소다. 평판자본은 브랜드 자산과 사회적 자본 2가지로 나뉘며, 브랜드 자산이야말로 평판 관리에서 가장 중요한 역할을 수행한다. 브랜드 자산은 다시 브랜드 지식(brand knowledge), 브랜드 태도(brand attitude), 브랜드 관계(brand relationship)등 3가지 하위 요인으로 나뉜다.

브랜드 지식은 브랜드에 관한 인지, 연상, 속성(기능)에 대한 친밀감과 같은 기업 브랜드를 둘러싼 고객의 인식도를 말한다. 브랜드 태도는 지각된 품질, 브랜드 정서, 브랜드 이미지와 같은 기업 브랜드에 대한 고객의 정서적 지원이다. 브랜드 관계는 지각된 브랜드 가치, 충성도, 만족과 같은 기업과 고객이 얼마나 깊이 있는 애착을 갖고 있는지를 나타낸다.

데이비드 아커(David Aaker)는 브랜드 자산을 브랜드 가치로 설명하며, 브랜드 가치란 특정 브랜드의 이름과 상징과 관련된 자산과 부채의 총합이며, 이것은 제품과 서비스가 기업과 그 기업의 고객에게 제공하는 가치를 증가시키거나 감소시키는 역할을 한다고 설명한다.

브랜드 가치를 구성하는 자산이나 부채는 브랜드 충성도(Brand Loyalty), 브랜드 인지도(Brand Awareness), 소비자가 인식하는 제품의 질(Perceived Quality), 브랜드 연상 이미지(Brand Association), 기타 독점적 브랜드 가치 등 5가지 요소로 구분될 수 있다고 주장한다.

폼브런(Fombrun, 1996)은 평판 자본을 평가하는 방법의 하나로 일정 기간 모든 특허와 인세 등을 현재 가치로 측정하는 방법을 제시하고 있다. 즉 평판 자본의 구성요소인 브랜드 자산은 특정 브랜드에 대한 이해관계자들의 인지적이고 감성적인 반응뿐 아니라, 특정 브랜드를 돈으로 환산했을때의 가치도 측정해야 한다는 제안이다.

브랜드의 가치평가는 어떻게 할까? 브랜드의 가치평가는 무형자산으로서의 브랜드를 재무와 마케팅 관점으로 계량화하여 금액으로 환산하는 것이다. 즉 기업 브랜드 가치는 매출액과 브랜드 인지도 등의 요소로 결정하고, 국가 브랜드에서는 국가의 수출액과 관광 수입액, 설문조사에 따른 국가별 친근도 등을 따져서 결정한다. 그렇다면 개인의 브랜드 가치는 한 사람이 1년 동안 벌 수 있는 소득이나 연봉 등으로 알 수 있을 것이다.

인터브랜드가 발표한 '2019년 세계 100대 브랜드'에서 1위부터 7위까지의 브랜드를 살펴보면 1위가 애플, 2위가 구글, 3위가 아마존, 4위가 마이크로소프트, 5위가 코카콜라, 6위가 삼성, 7위가 토요타 등으로 나타나고 있다.

오늘날 가장 무섭게 성장하는 회사를 꼽으라면 아마도 애플과 구글, 아마존일 것이다.

그리고 대한민국을 대표하는 기업 브랜드는 2020년 기준으로 삼성전자(가치평가 67조 7,903억 원)와 현대자동차(가치평가 15조 1,093억 원)가 있다.

대한민국의 국가 브랜드 가치는 얼마나 될까? 영국 브랜드 파이낸스(Brand Finance)가 발표한 '2018년도 국가 브랜드 가치 평가 순위'에 따르면, 1위는 미국(25조 9,000억 달러)이고 그다음으로 중국(12조 8,000억 달러), 독일(5조 1,000억 달러), 영국(3조 7,500억 달러), 일본(3조 6,000억 달러), 프랑스(3조 2,224억 달러), 캐나다(2조 2,240억 달러), 이탈리아(2조 2,140억 달러), 인도(2조1,590억 달러)가 뒤를 잇고 우리나라는 10위(2조 달러)를 기록하고 있다.

평판 관리는 결국 미디어와 커뮤니케이션, 마케팅 관리, 각종 규범과 윤리의 준수, 이해관계자에 대한 대화로 '브랜딩을 구축'하면서 자기 자신을 '마케팅'하는 것이다.

브랜드는 '소유'에서 시작됐다

브랜드의 어원은 과거 앵글로색슨족이 인두를 달구어 자기 소유의 가축에 낙인을 찍는 것에서 유래했다. 그 후 브랜드는 차별과 형벌의 표식으로 사용됐다. 이제 브랜드는 판매자의 상품(제품+서비스)을 구별하는 데 사용되는 모든 것을 총칭하는 개념이다. 즉 소리내 읽을 수 있는 브랜드 네임, 기호와 같은 상징이나 마크, 디자인으로 표현한 포장과 용기 제품 모양 등 상표권 전체를 포함한다.

이처럼 '소유'에서 시작된 브랜드의 개념은 산업혁명을 거치고 상거래가 발달하면서 '신용'을 나타내는 개념으로, 한 걸음 더 나아가 무형의 가치를 지닌 '평판재산'의 개념으로 발전했다.

곧 브랜드는 단순히 상품에 부착되거나 상품을 지칭하는 이름이 아니라 상품에 의미를 부여하고 시장을 지배하는 상징이 된 것이다. 그래서 지금은 기업의 매수 합병에서 브랜드 자체와 관련해 상당한 대가를 지불해야 하는 자산이다.

05

광고와 PR, 평판 관리는
무엇이 다른가?

"당신의 인지도나 지명도를 올리기 위해서는 광고가 적절할 것이다.
하지만 더 나아가서 깊은 유대관계를 유지하며
호감이나 관심에 더해 깊은 신뢰나 존경까지 얻기 위해서는
평판 관리를 해야 한다."

광고 vs PR vs 평판 관리

광고란 무엇인가? PR이란 무엇인가? 평판 관리란 무엇인가?

당신이 얼마나 훌륭한 사람인지 모든 사람에게 알리는 방법을 찾고 있다면 당신은 어떻게 할 것인가? 아마 당신은 광고나 PR 중 하나를 선택할 것이다. 그렇게 한다면 아마도 당신이 누구인지, 무엇을 잘하는지 정도는 전달할 수 있을지 모른다. 하지만 당신에 대해 오랫동안 신뢰할 만한 사람인지, 존경

할 수 있을지는 미지수일 것이다. 하물며 당신의 숨겨진 허점이 노출되거나 당신이 공개를 꺼리는 비밀을 알아챈 경우라면 어떻게 할까?

아무것도 모르는 새로운 타깃을 향해 당신을 알리고자 한다면 광고는 좋은 수단이 될지 모른다. 그렇지만 당신을 향한 시선을 바꾸거나 당신을 위기에서 구하고 실추된 명예를 회복하기 위해서는 광고나 PR만으로는 부족하다. 단지 당신의 인지도나 지명도를 올리기 위해서는 광고가 적절할 것이다. 하지만 더 나아가서 깊은 유대관계를 유지하며 호감이나 관심에 더해 깊은 신뢰나 존경까지 얻기 위해서는 평판 관리를 해야 한다.

여기서 잠시 이런 풍경을 떠올려보자. 첫 번째 풍경, 당신은 파티에서 멋있고 아름다운 한 여자를 발견한다. 당신이 그녀에게 가까이 가서 이렇게 말한다.

"나는 돈이 많아요. 나랑 결혼해줘요."

이것은 광고다.

두 번재 풍경, 당신이 한 무리의 친구들과 파티에서 멋있고 아름다운 여자를 발견한다. 이때 당신의 친구 중 하나가 그녀에게 다가가서 당신을 가리

키며 말한다.

"저 사람은 돈이 많아요. 저 사람과 결혼하는 것 어때요?"

이렇게 말하면 그것은 PR이다.

세 번째 풍경, 당신은 파티에서 멋있고 아름다운 한 여자를 바라본다. 그때 당신은 자리에서 일어나 옷매무새를 추스르고, 그녀에게 다가가 양해를 구하고 음료를 따라준다. 파티가 끝나자 당신은 그녀가 놓아둔 가방을 집어 들고 그녀에게 건네준다. 밖에 세워진 차량에서 그녀를 위해 문을 열어주고 무미건조하게 말한다.

"그런데 말이죠, 나는 돈이 많아요. 나랑 결혼해줄래요?"

이것은 평판 관리다.

앞의 사례에서 보았듯이 광고와 PR이 일방적 소통이라면 평판 관리는 양방향 소통을 지향한다. 평판 관리의 차별점과 특징은 자신의 일방적 주장이나 강압이 아니라 상대와의 공감과 관계 형성에 초점을 두고 있다는 점이다.

평판이 미래다

평판은 광고나 PR처럼 자랑거리를 전달하는 것이 아니다

평판 관리의 목적은 무엇인가? 모든 사람과 조직, 혹은 기업이 자신이 가진 정체성과 가능성, 생산성과 창조성을 발견하고 자부심과 기쁨을 느끼며, 자신의 본질에 대한 공중의 신뢰와 존경, 명성을 얻는 데 밑거름이 되는 행위를 하는 것이다.

평판 관리의 핵심은 '내가 누구인가, 나의 가치는 무엇인가'에 대한 통찰을 가지는 것이며, 자신 스스로의 품격과 품질, 생산성을 높이는 것은 물론 인간의 삶을 향상시키고, 조직과 사회를 발전시키기 위해서 어떤 기여와 혜택을 창조하는 행위라 할 수 있다.

이는 바로 평판 관리를 통해서 우리가 자신의 존재에 대해서 더 많이, 더 명확하고 투명하게 바라볼 수 있으며, 이웃과 조직, 사회에 대해서 더 좋게, 더 많이, 더 풍성하게 공헌할 수 있는 길을 찾을 수 있다는 것이다. 평판 관리는 사람들에게 스스로 최선을 다해 노력하도록 동기를 불어넣는 어떤 의미를 제공해야 한다.

이것은 사람이나 조직이 자신이 존중받는 존재이며, 동시에 가치 있는 것을 위해 노력한다는 의의와 의미를 자각할 수 있을 때 가능하다. 또한 자신과 연계된 모든 이해관계자와의 관계 속에서 그들의 필요와 욕구를 충족시키거나 그들과의 공감과 협력을 통해서만 성과를 만들어낼 수 있다. 그런데 이 사실을 사람들은 종종 간과한다.

평판 관리의 목적은 먼저 나 자신을 성장시키고 변화시키는 것이다. 아울러 나 자신의 가치를 개발하는 것에 더하여 다른 사람과 조직, 사회를 위한 가치를 제공하는 것이다. 결국 평판 관리는 사람, 조직, 기업 자체와 그와 더불어 관계된 사람들, 조직들과 사회 모두를 위한 것이 된다.

평판은 광고나 PR이 추구하는 일방적 자랑거리를 전달하는 것이 아니다. 이제까지의 마케팅 방향을 바꿔 다른 사람들의 소리를 먼저 듣고, 그들과 꾸준히 대화하며, 스스로 변화하는 모습을 보여야만 자신을 둘러싸고 있는 이해관계자와의 평판을 쌓을 수 있다.

그것은 바로 나의 이익에 앞서 이해관계자와의 관계에서 발생하는 다양한 문제점과 이슈들을 파악하고 해결을 위해 관심과 노력을 투자하는 것이다.

평판 관리란 기업과 조직, 사람이 자기 자신을 경영하고 마케팅하는 것이다. 그리고 현재 비즈니스를 하고 있거나 시작한 사람이 자신의 커뮤니티를 형성하고 커뮤니티의 가치를 향상해 공존과 번영을 함께 이루어 나가는 행위를 적극적으로 추구하는 것이다.

평판을 높이는 일은 단순히 물건을 사고팔거나 부를 축적하는 경제적 효율성을 높이는 측면에 그치지 않고, 타인의 행복과 사회적 공동체의 선과 발전을 지향한다는 점을 이해해야 한다. 평판 관리의 특징은 협력하면 양쪽 모두 이익을 볼 수 있는 논제로섬게임(nonzero-sum game)이라는 점이다. 평판 관리를 통해서 모두 함께 이익을 얻을 수 있다.

평판은 자신이 행한 활동의 내용에 대해 사람들이 발견하고 인지한 결과이다. 기업과 조직과 사람들이 다양한 임무를 수행하면서 다른 사람과 조직과 사회와 맺고 있는 관계에 대해서 의미 있는 통찰을 해야 한다.

평판 관리란 마케팅의 수단인 광고와 PR의 새로운 패러다임과도 같다. 평판 관리자는 결론적으로 광고와 PR을 넘어 마케팅과 커뮤니케이션의 융·복합적 전략을 구사하면서 이해관계자와 공감을 획득하고 관계를 지속시키는 활동과 노력을 해야 할 것이다.

평판 관리는
훌륭한 위기 관리 전략이 된다

"위기 시에는 핵심 메시지를 얼마나 빨리 개발하고
이해관계자를 비롯해 다양한 공중에게
그 메시지를 어떻게 커뮤니케이션하느냐가 아주 중요하다."

평판 관리에서 위기란 무엇인가

위기 관리는 평판 관리에서 핵심 키워드 '명성'과 '위기'라는 중요한 2가지 의제 가운데 하나다. 평상시에는 명성 관리 차원에서 평판을 관리해야 하고, 위기 시에는 위기 관리 차원에서 평판을 관리하는 커뮤니케이션 전략으로서 평판을 구축하고 관리해야 한다.

평판 관리는 이해관계자의 개인 이익과 기업의 명성과 이익이 차이가 있을

평판이 미래다

때 필요하다. 잠재 위기나 돌발 위기 때 발생하는 위기 관리는 이해관계자와 기업의 관계에 문제가 생겨서 지지를 잃게 되는 위험 손실을 예방하고 지켜 낸다.

기업이 평판 관리와 위기 관리를 실행하는 데는 유비무환의 위기 관리 커뮤니케이션 로드맵 구축이 필요하다. 이 위기 관리 커뮤니케이션 로드맵은 이해관계자 환경에 대한 비평적인 관심사와 바람직한 기대치를 동시에 담고 있다.

다양성의 시대에 위기는 도처에 널려 있다. 기업들은 기업 총수의 구속, 소비자 단체들의 불매운동이나 고발 외에도 헤아릴 수 없는 다양한 위기를 수시로 맞는다. 이런 위기는 불확실성과 위험을 의미한다. 그러나 위기라는 것은 사전에 예고하고 발생하기보다는 항공기 추락사고처럼 갑작스럽게 닥치는 경우가 더 많다. 기업이나 개인이 위기에 처했을 때 효과적으로 대응하지 못하면 기업이 쓰러지거나 개인의 명예를 잃을 수도 있다.

이러한 위기는 신속하고 체계적인 커뮤니케이션을 필요로 한다. 하지만 예측할 수 있는 위기도 분명히 있다. 기업의 경영활동, 시설 및 제품, 업계의 관행 등에서 비롯되는 것들이다. 불가피한 경우도 있지만 때로는 정도 경영만 해도 일어나지 않았을 일도 있다. 위기는 사전예방만 했다면 발생하지 않았거나 발생하더라도 피해를 최소화할 수 있다는 것이다.

그렇다면 위기란 무엇일까? 먼저 위기란 무엇인지 개념 정의가 필요하다. 위기(crisis), 위험(risk), 사고(accident) 등 조직이나 개인이 문제가 발생해 어려운 시기를 견디는 순간을 겪고 있을 때를 일반적으로 위기라고 말할 수 있지만, 위기는 조직이나 개인의 역사에서 독특한 순간이다. 찰스 허먼(Charles H. Herman, 1963)의 『고전 연구』는 위기를 불유쾌한 사고와 차별화할 수 있는 특징 3가지를 밝히고 있다. 즉, 어떤, 짧은 대응 시간(short response time) 등이 반드시 충족되어야 한다는 것이다.

다양한 유형의 위기를 설명하기 위해 조직의 위기와 위험을 구분해 다음과 같은 실용적 정의를 제시한다. 조직위기는 높은 수준의 불확실성을 유발하며 조직의 목표를 위협한다고 여겨지는 일련의 구체적(specific)이며, 예기치 않은(unexpected), 비일상적인(non-routine) 사건이다.

위험(risk)이란 '주주가치의 감소를 초래하는 모든 사건들', '조직의 전략적·업무적 또는 재무적 목표를 달성하는 데 영향을 줄 수 있는 불확실한 미래의 사건들'을 의미한다. 위험은 일상생활의 일부분일 수 있지만, 위기는 종종 피할 수 있는 사건이다. 하지만 어설픈 위험 커뮤니케이션은 위기를 유발할 수 있기 때문에, 위기와 위험은 상호 연관성이 있다는 점을 유의해야 한다.

평판이 미래다

불확실성의 위험을 사전에 예방, 회피하려는 사전 대응 활동이 위험관리(risk management)라고 할 수 있으며, 현실화한 위험에 대한 사후 대응이 위기 관리(crisis management)라 할 수 있다. (박홍식, 『평판 관리』, 2016)

이상헌의 『언론홍보노트』에 따라 위기에 대한 또 다른 기존 정의를 몇 가지 살펴보면 다음과 같다.

1. 중요한 변화를 가져와야 하는 불안정한 기간이나 상태 (Fink, 1986)
2. 개인이나 조직의 미래에 결정적 영향을 미치는 중요한 변화 과정 (Leafly, 1988)
3. 조직과 조직의 구성원, 제품, 서비스, 재정 상태, 명성 등에 심각한 손실을 끼치는 예기치 못한 사건들 (Barton, 1993)
4. 조직, 회사, 산업 및 이들과 관련된 공중, 제품, 서비스, 명성에 부정적인 영향을 미칠 가능성이 높은 주요사건들 (Fearn-Banks, 1996)
5. 조직의 미래 성장과 이익 또는 생존에 위협을 가할 수 있는 사건 (Lervinger, 1997)
6. 조직의 생존에 위협을 주는 발생가능성은 적지만 관련 주요 공중의 영향력이 큰 상황

위기에 대한 정의는 이렇게 다양하다. 이들 위기에 대한 정의는 위기 관리

영역과 방법에 대한 힌트가 될 수 있다.

아울러 이러한 위기는 언론으로 인해 확대되기도 하고 잦아들기도 한다. 위기 상황에서 언론은 조직의 위기 커뮤니케이션 담당자가 가장 많은 관심을 두고 접근해야 할 외부 커뮤니케이션 대상이다. 좀 지나친 표현일지 모르지만, 위기가 발생하면 언론 보도의 관점과 여론관리 여부가 위기 관리 성패에 결정적인 영향을 미친다. 위기 시에는 핵심 메시지를 얼마나 빨리 개발하고 이해관계자를 비롯해 다양한 공중에게 그 메시지를 어떻게 커뮤니케이션하느냐가 아주 중요하다.

기업은 위기를 맞았을 때 소비자는 물론 다양한 이해관계자가 지켜보고 있다는 사실을 직시해야 한다. '위기는 크게 성장할 수 있는 기회'라는 말처럼 효과적인 위기 관리 전략을 세워 대처하면 위기는 오히려 전화위복이 될 수도 있다. 신속한 조치, 공익성을 고려한 전략적 대응은 기업이나 개인을 위기에서 구할 뿐만 아니라 성장을 가져올 수도 있다. 위기는 대응하거나 관리하기에 따라 기회를 창출하는 기회가 될 수 있다는 것이 일반적인 얘기다.

위기 관리 전문가들은 위기가 발생하면 대부분 상황이 급박하게 전개되기 때문에, 소통과 공감이 늦거나 의사결정이 신속하지 못하면 효과적인 대응을 하는 데 어려움을 겪게 된다고 말한다. 위기가 발생하기 전에 대부분 언론은 먼저 알고 있는 경우가 많고, 매체별로 기자 개인의 네트워크에 따라 통상적으로 몇 시간 전에는 알고 있다고 봐야 한다. 엠바고 등 특수한 상황이 아닌 이상 일단 언론에 노출되면 속성상 위기 관련 기사는 집중 보도를 면치 못하게 된다. 그래서 위기 상황에서의 언론 관리는 발생 후 24시간 이내에 초기 대응이 중요하다.

초기 대응에서 가장 중요한 점은 위기가 무엇인지를 정확하게 찾아내는 것이다. 위기에서 가장 많이 언급되는 사례는 초기에 발표했던 내용이 후에 사실이 아닌 것으로 밝혀지면서 도덕적 해이라는 언론의 집중포화를 맞는 것이다. 초기에 끝날 수 있는 사고가 기업을 위험에 빠트리는 위기가 되기도 한다. 또 유조선 기름 유출이라든지 성수대교 붕괴, 항공기 추락이나 선박 침몰 사고 등 국민적 관심을 불러일으키는 대형 사고가 일어나면 대책위원회의 정확한 진상 파악이 늦어져 추측이나 과장 보도로 이어지기도 한다. 이처럼 상황 파악을 더디게 하거나 잘못하는 것 또한 언론의 집중 비난을 피하기 어렵고 사태를 악화시킨다는 것을 명심해야 한다.

기업의 위기 대응 전략 - 위기 관리에 적용되는 PR전략 사례

위기는 조직의 일상적인 업무를 뒤흔들고, 미래 활동에 위험을 주며, 주요 공중과의 관계에 부정적 영향을 주는 사건을 통틀어 지칭한다.(김영욱, 2002)

위기는 일단 발생하면 다루기 어려운 속성을 가지고 있다. 따라서 전략적 의미에서 위기 관리는 위기가 일어날 상황을 최대한 피할 수 있게 사전에 관리하는 것이다. 하지만 위기는 예고 없이 다양한 상황에서 일어난다. 아주 오랫동안 누적되고 잠재적인 것이 있는가 하면 돌발적인 것도 많다.

위기는 조직과 기업, 개인에게 사활이 걸린 문제이기 때문에 이를 평소 어떻게 관리하고 위기 발생 시에 어떻게 커뮤니케이션하는지가 중요하다.

위기 관리 상황에서 위기 관리의 원칙을 지키는 것이 중요하다. 『PR의 힘』에서는 10가지 위기 관리 원칙을 발견할 수 있다.

1. 사과와 위로가 최우선이다.
2. 24시간 원칙을 지켜라.
3. 최고 책임자가 움직여라.
4. 일관성이 중요하다.
5. 법적인 검토가 중요하다.
6. 기자실을 설치하고 핫라인을 확보하라.
7. 제3자의 지지를 확보하라.
8. 새로운 이슈를 만들어라.
9. 미래를 대비해야 한다.

평판이 미래다

10. 위기 시나리오를 미리 준비하라.

1. 맥도날드 : 위기 관리 매뉴얼로 대응하다

2008년 6월 5일 MBC 〈손석희의 100분 토론〉에서 임헌조 뉴라이트 전국
연합 사무처장은 다음과 같이 말했다.

"미국에서 전체 소 소비량의 18%가 30개월령 이상의 소이다. 이 소고기들
은 대부분 맥도날드 등 햄버거 가게에서 사용되고 있다. 미국에는 10만 명이
넘는 유학생들이 있는데, 이들은 햄버거를 즐겨 먹는다. 그 햄버거가 바로 30
개월령 이상 되는 소, 내장도 포함된 고기로 만드는 것들이다."

쇠고기 수입 반대론자들은 즉각 맥도날드에 항의하기 시작했다. 이에 따
른 맥도날드의 대응은 위기 관리 매뉴얼에 따른 것이었다.

첫째, 맥도날드는 홍보실 직원과 PR 대행사 직원을 배치해 핫라인을 통해
즉각적인 대응을 시도했다.

"맥도날드는 미국산 소고기를 쓰지 않습니다. 맥도날드는 1995년부터 호
주산 소고기만 쓰도록 규정하고 있습니다."

둘째, 맥도날드는 긴급 위기 관리 대응팀을 구성하고 회사 측은 긴급회의를 소집하고 대응책을 준비했다.

셋째, 맥도날드는 일관된 메시지를 내보냈다. 전 세계에서 30개월 미만 소고기만 사용할 뿐 아니라, 특히 한국에서는 호주산과 뉴질랜드산 소고기를 사용하며 미국산 소고기를 쓰지 않는다는 점을 강조했다. 6일 오후 한국 맥도날드는 긴급 보도자료를 배포, 임 처장의 발언이 사실이 아님을 밝혔다.

넷째, 신속히 대응했다. 인터넷과 언론 미디어에 모든 해명자료가 적어도 24시간 이내에 배포되었다.

다섯째, 뉴라이트 전국연합과 접촉해서 30개월 이상 소고기를 사용하지 않는 사실을 알리고 뉴라이트 전국연합에서 해명자료를 내도록 유도했다.

이처럼 맥도날드는 신속한 해명과 초기 대응으로 국내 소비자들의 대대적인 불매운동 등에 직면할 뻔한 큰 위기를 막아낼 수 있었다.

2. 페덱스 : 빠른 인정만으로 문제를 해결하다

요즘 같은 경영 상황에서 공개되지 않는 위기는 없다. 시점 차이가 있을 뿐이다. 그리고 위기는 늦게 공개될수록 더욱 치명적 결과를 부른다. 이외 상당수 위기 상황이 빠른 '인정'만으로도 해결된다. 페덱스(Fedex)의 배달 사고가 대표적이다.

3년 전 페덱스의 한 고객은 배달된 상품이 부서진 것을 발견했다. CCTV로 확인해보니 직원이 상자를 정원 울타리 너머로 던진 것이었다. 화가 난 남성은 CCTV 영상을 유튜브에 올리고 회사에 항의했다. 페덱스가 대응한 것은 바로 다음 날이었다. 고위 임원이 직접 유튜브에 사과 영상을 올렸다.

"여러분은 지금쯤 페덱스 배달원이 상자를 집어던진 영상을 봤을 것입니다. 이 사건에 대해 진심으로 사과합니다. 배송 피해를 본 남성과도 연락해 문제를 원만하게 해결했습니다. 배송직원은 징계를 받을 예정입니다. 다시는 이런 일이 일어나지 않도록 조치를 하겠습니다."

이 사건에 대한 논란은 하루 만에 수그러들었다.

3. 넷플릭스 : 전략수정으로 위기에서 탈출하다

위기 관리에서 리더들이 가장 많이 하는 실수는 무엇일까? 바로 나쁜 소식 전하는 것을 겁내다 거짓 꼼수를 쓰는 것이다. 이것은 들통나는 순간 더 큰 위기에 빠지게 된다.

2011년 동영상 서비스 제공업체인 '넷플릭스(Netflix)'가 요금 인상을 시도하다가 한 달 만에 회원 80만 명이 이탈하고 주가가 4개월 만에 5분의 1로 주저앉은 사건이 대표적이다.

기업이 요금을 올리는 것은 언제든 있을 수 있다. 하지만 넷플릭스는 '요금 인상'이란 단어를 피하고자 꼼수를 부렸다. 한 달에 9.99달러로 이용하던 'DVD 렌털'과 '스트리밍(실시간전송) 비디오' 서비스를 각각 7.99달러에 이용할 수 있게 해준다고 공지했다. 2가지 서비스를 모두 이용하는 고객이 대부분인데도 그렇게 했다. 새로운 정책을 적용하면 내야 하는 요금이 60%나 인상되었다. CEO 리드 헤이스팅스(Wilmon Reed Hastings Jr.)는 "저작권 요금 인상으로 어쩔 수 없었다."라며 "더 나은 DVD 서비스를 제공하기 위한 방안이다." 등으로 설명했지만 이용자에게 먹히지 않았다.

하지만 넷플릭스가 위기를 탈출한 방법은 인상적이다. 이들은 이 사건을 계기로 아예 〈하우스 오브 카드(House of Cards)〉 같은 자체 프로그램을 제작해 1위 자리를 되찾았다.

4. 삼성과 엘리엇 : 이성, 감성, 연민의 설득 작전

2015년 6월 삼성그룹은 삼성물산과 제일모직을 합병하는 과정에서 위기를 맞았다. 행동주의 헤지펀드 엘리엇 매니지먼트(Elliot Management)가 합병을 반대하고 나선 것이다. 명분은 합병의 키를 잡은 나머지 주주들의 권익 보호였다.

비상이 걸린 삼성물산은 임직원을 동원해 주주들을 찾아가 설득했다. 소액 주주들을 설득하기 위해 대대적인 광고전도 펼쳤다. 엘리엇을 적으로 간주하고 '여러분의 삼성을 지켜달라'며 애국심에 호소하는 TV 광고도 했다. 광고는 촌스럽다는 비판을 받기도 했다. 하지만 8월 주주 총회에서 합병안이 통과되며 삼성그룹은 위기를 넘겼다.

위기 관리 권위자 헬리오 가르시아(Helio Fred Garcia) 로고스 컨설팅 그룹(Logos Consulting Group) 회장은 삼성의 위기 대응에 후한 점수를 주었다.

"삼성이 위기 상황에서 주주들과 국민을 대상으로 펼친 작전은 완벽했다."

주주들을 설득할 때는 일단 찾아가야 하고, 그들에게 어떤 이익을 주겠다는 '이성'뿐 아니라 우리는 긴밀한 사이 아니냐는 '감성', 우리가 불쌍하지

않느냐라고 묻는 '연민'을 모두 동원해야 한다는 것이다. 삼성은 국민 기업의
브랜드 가치를 지키겠다는 감성과 연민에 호소했고 이것이 먹힌 것이다.

5. 코오롱 그룹 : 경영자의 책임 인정과 사과 전략

2014년 2월 경주 코오롱 마우나오션리조트에서 대학교의 연수 도중에 체
육관이 무너지는 사고가 발생했다. 대학생 10명이 사망하고 100여 명이 다친
대형 참사였다.

이웅렬 코오롱 그룹 회장은 사고가 일어난 지 반나절도 지나지 않아 현장
을 찾아가 '엎드려 사죄한다'고 시작하는 사과문을 직접 읽었다. 곧이어 사망
자 빈소를 방문해 조문하고 유족들에게 사죄했다. 이 회장은 본인이 모든 책
임을 지겠다며 진정성 있는 자세를 보였다. 그러자 자칫 국민적 공분을 살 수
있었던 사건이 빠르게 진정 국면으로 접어들었다.

6. 삼성그룹 : 이건희 회장의 초월 전략

2006년 2월 이건희 삼성그룹 회장은 안기부 X파일 사건과 삼성 에버랜드
등의 주식 저가 인수를 통한 불법 상속 논란이 겹치면서 여론이 악화되자,
대국민 사과와 함께 8,000억 원을 사회에 헌납한다고 발표했다. 한편 전환사

292

채, 편법증여 등 해당 이슈에 대한 관심을 다른 주제로 바꾸어놓을 새로운 커뮤니케이션 전략을 내놓았다. 기존 관심을 바꿀 수 있는, 그 이상의 초월적 이슈로 새로운 경영 화두인 '창조경영'을 주창하고 삼성그룹의 미래전략을 국민에게 제시한 사례를 들 수 있다.

기업 위기는 기업이 존속하는 한 지속해서 기업 경영의 일부로 존재할 것이다. 왜냐하면 기업이 위기를 100% 예방할 수 없을뿐더러, 소비자로서 개인도 위기를 결코 피할 수 없기 때문이다. 오히려 위기는 더욱더 만연하고, 급속한 기술 발달과 인구 팽창으로 우리는 10~30년 전에는 상상도 할 수 없는 위기에 끊임없이 노출되고 있다.

위기 관리 커뮤니케이션에서 조직은 평소 이해관계자들과 좋은 관계를 수립하고, 조직의 선행을 통해 명성을 구축해놓아야 한다. 이전에 위기 이력이 없는 상황에서 위기 관리 커뮤니케이션을 하면 메시지 수용도를 높이고, 기업의 진실성을 더 긍정적으로 받아들인다는 것을 보여줄 수 있다.

따라서 조직을 평소 관계 관리와 명성 관리, 위기 관리 등의 위기 커뮤니케이션 자본으로 구성할 수 있으며, 이러한 상황과 맥락에 부합하는 위기 커뮤니케이션 전략이 메시지 수용도나 명성 회복에 긍정적으로 작용한다는 것을 보여준다.

또한 소셜 미디어 위기 커뮤니케이션 전략에서는 공중별로 2차 위기 반응이 다르다는 점을 고려하여, 다양한 공중별 특성을 분석하고 이들이 소셜 미디어에서 커뮤니케이션하는 2차 반응에 주목하여 이에 대항하는 위기 관리 커뮤니케이션 자본을 갖출 필요가 있다.

상황적 위기 커뮤니케이션 이론(SCCT)

쿰즈(Coombs,2007,2013)의 상황적 위기 커뮤니케이션 이론(SCCT)에서는 기업이 위기상황에서 조직 명성을 보호하고 회복하기 위해서 어떤 위기 커뮤니케이션 전략을 사용해야 하는지 논의했다. SCCT에서는 이해관계자에 초점을 맞추고 그들의 기대와 인식에 부응해야 함을 강조하고 있다.

따라서 위기가 발생하면 가장 먼저 이해관계자에게 정확하게 상황을 알리고 위험을 피하는 정보를 제공해야 하며 피해자에게 관심을 표명하고 그들을 가장 먼저 보호하는 것이 조직의 책임 있는 대응 방법이라고 제시하고 있다.

SCCT는 귀인 이론에 뿌리를 두고 있다. 사람들은 항상 예상치 못한 사건을 대하면 그 원인을 찾으려 한다는 것이다. 이해관계자가 조직에 책임이 있다고 인식하는지에 따라 그 사건에 대한 감정적 반응을 갖게 되며 조직의 메시지를 수용하거나 수용하지 않게 되는데, 이는 결국 조직에 대한 태도나 명성에 큰 영향을 미친다. 따라서 SCCT에서는 이러한 귀인 이론을 기반으로 명성의 위협을 예측하고, 명성 보호를 위한 커뮤니케이션 전략을 제시한다.

즉 위기 책임의 원인이 조직에 있는지, 조직이 비슷한 위기 이력을 가졌는지, 사전 명성 및 조직의 이해관계자와 관계 관리가 잘 이루어졌는지 등에 따라 부인 전략, 감소전략, 재건전략 등과 같은 위기 커뮤니케이션 전략을 다르게 사용한다는 것을 강조한다.

SCCT를 적용한 대부분의 연구에서는 책임성과 사전 명성, 위기 발생 이력에 따라서 다른 위기 커뮤니케이션 전략을 구사해야 한다는 쿰즈의 주장을 지지했다. 특히 책임성이 높으면 사과 전략을, 책임성이 낮으면 부인이나 정당화와 같은 방어 전략을 사용하는 것이 효과적임을 확인했다.

특히 약간의 논란은 있지만 사전 명성이 있고 공중과의 신뢰 관계가 있는 경우 기업의 위기 커뮤니케이션에 대한 신뢰와 진정성이 더 긍정적으로 평가받기 때문에 위기 책임 상황에 따라 다른 대응 전략을 사용해야 한다는 것을 대부분의 연구에서 지지했다.

평판이 미래다

Reputation Key Point, PART B

"우리가 끈기 있게 노력할 때 일이 더욱 쉬워지는 것은
일의 성격이 변해서 그런 것이 아니고,
우리의 능력이 개선되었기 때문이다."

– 랄프 왈도 에머슨 (미국의 시인)

평판 관리는 최고의 위기 관리 전략이다

평판 관리에서 위기란 무엇인가

다양성의 시대에 위기는 도처에 널려 있다. 기업들은 기업 총수의 구속, 소비자
단체들의 불매운동이나 고발 등의 위기는 신속하고 체계적인 커뮤니케이션을
필요로 한다. 평상시에는 명성 관리 차원에서 평판을 관리해야 하고, 위기 시에
는 위기 관리 차원에서 평판을 관리해야 한다.

이해관계자에 주목하라

기업이 평판 관리를 하기 위해서 가장 먼저 체크해야 하는 것은 이해관계자를
살펴보는 것이다. 이해관계자는 기업의 활동과 관련해 직간접으로 이해관계를
맺고 있는 사회조직 또는 집단이다.

아이덴티티에서 평판이 형성된다

이 세상에 이름을 가진 모든 브랜드의 평판은 명확한 아이덴티티에서 시작된다.
아이덴티티에서 이미지가 구축되고, 그 이미지 위에 시간성과 이해관계자의 관
계성이 결합하여 평판이 형성된다.

평판 관리에서 마케팅, 브랜딩은 필수다

기업의 평판 관리를 위해 마케팅 전략의 수립과 활용은 이제 선택이 아니라 필수다. 기업과 소비자의 교환을 창조하는 과정을 마케팅의 본질이라고 본다면, 평판 관리의 본질은 기업의 아이덴티티를 확립해 이해관계자와의 커뮤니케이션을 통하여 신뢰를 얻고 특별한 이미지를 구축하는 과정이라고 할 수 있다.

시장에서 사고파는 매매(교환) 행위를 현재진행형(-ing)으로 만드는 것이 마케팅이라면, 매매(교환) 행위를 활발하게 만드는 핵심 요소가 바로 브랜딩이다.

평판 관리는 광고와 PR의 새로운 패러다임이다

평판 관리란 마케팅의 수단인 광고와 PR의 새로운 패러다임과도 같다. 새로운 타깃에게 당신을 알리고자 한다면 광고는 좋은 수단일지 모른다. 그렇지만 당신을 향한 시선을 바꾸거나 당신을 위기에서 구하고 실추된 명예를 회복하기 위해서는 광고나 PR만으로는 부족하다. 당신은 평판 관리를 해야 한다.

지금은 평판 사회다
최고의 평판을 선택하라!

우리는 지금 평판 사회를 살고 있다. 지금 기업이나 당신에 대한 여론은 어떠한가? 성공의 기회인가? 위기의 순간인가? 만약 기업이 지금 뜻하지 않은 위기를 만난다면 이 난관을 헤쳐나가기 위해 어떻게 해야 하며, 당신이 만약 어떤 목표의 달성이나 성공을 꿈꾼다면 무엇을 준비해야 할 것인가? 답은 하나다. 바로 평판 관리를 시작하는 것이다.

평판 관리를 시작한다는 것은 무엇을 의미하는가? 평판 관리를 위해 구체적으로 무엇을 따지고, 어떻게 실천해야 할까? 평판 관리에서 가장 필요한 기본지식과 전략은 무엇인가? 이 책은 이에 대한 해답으로 평판 관리에 대한 다양한 이슈를 살펴보았다.

당신이 기업의 소유자거나 임원이라면, 혹은 일반 관리자라면 무엇을 할 수 있을까? 당신은 우선 당신 회사의 제품과 소비자뿐만 아니라 다양한 이해관계자에게 관심을 두고 그들과 대화해야 할 것이다. 그리고 무엇보다 당신이 속한 기업이나 당신 자신에 대한 스스로의 인식을 검토해봐야 한다. 즉 당신의 아이덴티티가 무엇인지 구체적으로 설명할 수 있어야 한다는 뜻이다.

또한 당신이 만든 브랜드가 어떤 의미로 포지셔닝되어 있는지, 어떤 가치와 의미를 구현하고 있는지 재규명할 필요가 있다. 그리고 더 나아가 당신의 제품과 브랜드는 이해관계자와의 사회적 관계에 기반을 둔 사회적 공유가치로 승화되어야 한다.

당신이 오너라면 공중의 여론, 대중의 평판을 이해하고 자신의 리더십을 기업의 전략으로 펼쳐야 할 것이다. 당신이 만일 회사의 광고와 PR 부서나 마케팅을 담당하는 관리자라면 홍보전략과 마케팅전략을 다시 짜고, 사전 위기 관리 매뉴얼을 재검토하며, 새로운 프로젝트 수행에 필요한 커뮤니케이션 전략을 모색해야 할 것이다.

한편, 디지털 기술의 발전에 따른 인터넷 네트워크 범위가 확대되고 소통되는 정보의 양이 폭발적으로 늘어나면서 유용한 빅데이터가 출현했다. 그 빅데이터가 우리의 일거수일투족을 모두 꿰고 있다. 이제 우리의 삶에서 투명성을 자각하고 인식하여 대비해야 할 것이다.

평판 관리에서 무엇보다 중요한 것은 평판 관리의 법칙을 지키는 것이다.

우리가 명성과 신뢰를 쌓고 위기를 벗어나기 위해서는 평판 관리의 원칙과 법칙을 이해하고 실천해야 함을 명심하자. 이 법칙에 따라 행동하고 준비하는 것은 이제 당신의 몫이다.

이 세상의 이름을 가진 모든 조직과 기업, 개인은 평판력이 경쟁력임을 인식하고 자각하여 명성을 가꾸고 닥쳐올 위기에서 미리 벗어나기 바란다. 이제 이 책과 함께 평판 관리의 새로운 행진에 동행하는 당신을 응원한다.

2020년 9월

박흥식 · 박주근

참고문헌

국내 문헌

김대영(2016), 『평판이 전부다』, 매일경제신문사.

김봉수 외(2015), 『평판사회』, 알에이치코리아.

김영욱(2008), 『위험, 위기 그리고 커뮤니케이션』, 이화여자대학교 출판부.

김주호(2013), 『PR의 힘』, 커뮤니케이션북스.

데이비드 아커, 이상민 역(2003), 『데이비드 아커의 브랜드 경영』, 비즈니스북스.

박개성(2014), 『제2의 정부 공공기업 변화의 조건』, 엘리오앤컴퍼니.

박흥식(2016), 『평판관리』, 커뮤니케이션북스.

밥 길브리스, 구세희 역(2011), 『마케팅 가치에 집중하라』, 비즈니스맵.

앨 라이스, 김충기 역(1989), 『포지셔닝』, 나남.

존 맥스웰, 강준민 역(2003), 『리더십의 법칙』, 비전과 리더십.

짐 콜린스, 이무열 역(2006), 『좋은 기업을 넘어 위대한 기업으로』, 김영사.

차희원(2015), 『기업 명성과 커뮤니케이션』, 이화여자대학교 출판부.

찰스 J. 폼브런, 시스 B.M. 반 리엘, 한은경 역(2004), 『명성을 얻어야 부가 따른다』, 서울출판미
    디어.

타라 헌트, 김지영, 이경희 역(2010), 『우피경제학』, 21세기북스.

피터 드러커, 한근태 역(2000), 『21세기 리더의 선택』, 한국경제신문.

피터 필, 이지연 역(2013), 『제로 투 원-경쟁하지 말고 독점하라』, 한국경제신문.

하우석(2008), 『능력보다 큰 힘-평판』, 한스미디어.

문효진(2007), 「기업 아이덴티티, 동일시, 기업평판의 관계에 관한 연구」, 성균관대학교 박사학위
    논문.

박흥식(2007), 「뉴스앵커의 평판이 프로그램 신뢰도와 만족도에 미치는 영향」, 성균관대학교 박
    사학위 논문.

사득환(2008), 「도시정부의 환경정체성과 지속가능한 발전」, 〈환경정책〉, 16권 2호, 91~117.

심인 (2011), 「대통령의 평판요인에 관한 연구」, 성균관대학교 박사학위 논문.

이노종(2006), 「기업투명성과 평판간의 관계에 대한 연구」, 성균관대학교 박사학위 논문.

평판이 미래다

이용진(2011), 「도시평판의 척도개발 및 지수화연구」, 성균관대학교 박사학위 논문.

장우성(2006), 「기업아이덴티티, 이미지, 및 평판간의 관계에 대한 상호지향적 접근」, 성균 관대학교 박사학위 논문.

한은경(2006), 「CATV홈쇼핑 평판지수화에 관한 연구−5대 홈쇼핑 기업을 중심으로」, 〈방송위원회 연구보고서〉, 17.

한은경, 김이환, 문효진(2005), 「기업평판과 CEO 평판의 효과 모델 연구−삼성과 SK를 중심으로」, 〈광고학 연구〉 16권 2호, 125∼144.

한은경, 유재하(2004), 「소비자 구매의도에 영향을 미치는 기업평판요인에 관한 연구−한국과 일본의 유제품기업을 중심으로」, 〈광고연구〉, 65, 127∼146.

한은경, 유재하(2004), 「기업아이덴티티, 이미지 및 평판간의 관계에 대한 상호지향적 접근」, 성균관대학교 박사학위 논문.

"2017년 아시아 대학순위...지표항목별 스타대학은?", 기획취재팀 이호승차장 외, 〈매일경제〉, 2017. 03.

"2018년 세계대학 순위...세계100위안에 한국 대학 5곳", 김현주 기자, 〈조선일보〉, 2018. 06.

"2019년도 1분기 NCSI조사는.. 고객 1만4238명 조사, 만족도 지난해보다 0.9점 올라", 전수용 기자, 〈조선일보〉, 2019. 03.

"388개 지방기업, 빚이 LTE수준으로 불어난다", 〈조선비즈〉, 2013. 05.

"TV에서 보고 싶지 않은 '복귀불가' 연예인은?", 온라인뉴스팀, 〈경향신문〉, 2019. 10.

"교수인 어머니 도움으로 부정입학... 서울대 치전원 합격 딸 입학 취소", 탁지영 기자, 〈경향신문〉, 2019. 03.

"날강두 오명, 호날두... 인스타수입 530억", 이용균 기자, 〈경향신문〉, 2019. 08.

"대학생 직장인의 기업평판은... 삼성전자. SK하이닉스. LG전자 순", 김영신 기자. 〈연합뉴스〉, 2019. 11.

"소셜 임팩트, 기업명암 가른다", 안재광 기자, 〈한국경제〉, 2019. 09.

"톱30 대학, 한국 17년째 '0'... 中 4곳, 日 1곳", 곽수근, 유소연 기자, 〈조선일보〉, 2020. 06.

국외 문헌

Ahluwalia, R. (2000). Examination of psychological process underlying resistance to persuasion Journal of Consumer of Consumer Research 217–232.

Alvesson, M.(1990) Organization : from substance to image?. Organization Studis, 11(3), 373–394.

Anderson, P. A. & Kibler, R. J.(1978). Candidate valence as a predictor of voter preferences. Human Communication Research,5, 4–14.

Balmer, J. M. T. (1997). Corporate identity :past, present and future. Glasgow, U.K : University of Strathclyde.

──────────────(1998). Corporate identity and the advent of corporate markting. Journal of Marketing Management, 14(8), 963–996.

Balmer, J. M. T., & Greyser, S. A.(2002) Managing the multiple identities of the corporation. California Management Review. 44(3), 72–86.

Bass. Bernard M.(1990), From Transactional to Transformational Leadership Learning to Share the Vision. OrganizatIonal Dynamics 18,(3), 19–31.

Bennett, R. & Kottasz, R. (2000). Practitioner perceptions of corporate reputation: and empirical investigation. Corporate Communcations :An International Journal, Vol. 5 No.4,224~234.

Bernstein, D. (1984). Company Image and Reality: A Critique of Corporate Communications. Eastbourne, Holt Rinehart & Winston Ltd.

Berlo, D. K. Lemet, j. b. & Mertz, R. J.(1970). Dimensions for evaluation the acceptability of message source. Publishing London.

Boulding, K. E. (1956), General Systems Theory— The Skeleton of Science Management Science, 2(3), 197–208.

Boulding, K. E. (1971). After Samuelson Who Needs Adam Smith? History of Political Economy, 3(2), 225–237.

Boorstin, D. J. (1992). The image: A guide to pseudo—vents in America. New York: Vintage, (Original work published in 1961).

Burson— Marsteller (2003). Reputation management : CEO reputation. Retrived March 19, 2003.

Bromley, D. B. (20010 Relationship between personal and corporate reputation. European Journal of Marketing, 35(3/4), 316–334.

————————— (2002) Comparing Corporate Reputation: League Table, Quotients, Benchmarks, or Case Studies?, Corporate Reputation Review, 5, 35–50.

Campbell, A., Philip E. C., Warren E. M., and Donald E. S.,(1960) The American Voter, Chicago:The University of Chicago Press.

Capelos, T. (2002). "Reputations, Scandal, and Puzzle of Immunity: The Role of Pesonality Trial and Party Affiliation." unpulbished dissertation, Poritical Science, State University of New York.

Caruana, A. (1997). Corporation reputation: Concept and measurement. Journal of Product & Brand Management, 6(2), 109–118.

Combs, T. W. & Holladay, S. J. (2002). Helping crisis managers protect reputation assets, Management Communication Quarterly, 1692, 165-187.

Corbert, G. G. (1991). Gender. Cambridge: Cambridge University Press.

Cundy, D. T.(1994). Televised news, trite inferences, and support for political figures. Journal of Brodcasting & Electronic media, 38(1),49-63.

Deephouse, D. (2002). The term reputation management: user, uses and the trademark tradeoff, Corporate Reputation Review, 5, 9-18.

Dowling, G. R. (1986). Managing your corporate image, Inustrial Marketing Management, 15(2), May.

------------------ (2001). Creating corporate reputations. Oxford University Press, Oxford, UK.

------------------ (2004). Corporate reputations:Should you compete on yours? California Management Review,

Dowling,G. R. (2006). How good corporate reputation create corporate value, Corporate Reputation Review, 46(3), 19-36.

Formbrun, C. J. & Van Riel, C. B. M.(2003). Fame and Fortune: How Sucessful Companies Build Winning Reputations. Upper Saddle, NJ: Prentice Hall.

--------------- & Shanley, M. (1990). What's in a name? Reputation building and corporate strategy. Academy of Management Journal,33, 20, 233-258.

------------------ (1996). Reputation: Realizing value from the corporate image.

Harvard Business School Press, Boston, MA.

Foreman, P. & Whetten, D. (2002). Members Identification with Multiple Identity Organization, Organizational Sei ence, 13(6), 618–635.

Foste, E. A. & Betero, I. C. (2011). Personal Reputation: Effect of Upward Communication on Impression about New Employees, Management Communication Quarterly, 26(1), 48–73.

Funk, C. L. (1999). Bring the Candidate into Models of Candidate Evaluation. Journal of Politics, 61, 700–720.

Garramone, G. M. & Smith, S. J. (1984). Reactions to political advertising ;Clarifying sponser effect. Journalism Quarterly, 61, 771–775.

Gaines–Ross, L. (2003). CEO Capital; A guide to building CEO reputation and company success, John Wiley & Sons, Inc.

Gosti, M., & Wilson, A. M. (2001). Corporate reputation: seeking a definition. Corporate Communications :An International Journal, 6(1), 24–30.

Gok, O. & Ozkaya, H. (2011). Does corporate reputation improve stock performance in an emerging economy & quest ; evidence from Turkey Corporate Reputation Review. 14(1) , 53–61.

Graber, D. A. (1972). Personal Qualities in P residential Images:The Contribution of the Press. Midwest Journal of Political Science, 16(1), 46–76.

Granberg, D., & Brent, E. E. (1974). Dove–hawk placement in the 1968 election; Application of social judgment and balance theories. Journal of Personality and

Social Psychology, 29, 687–695.

Grifiin. E. (2006). A first look at Communication theory. MaGraw Hill: Boston.

Grunig, J. E. (1993). Image and substance: From symbolic to behavioral lationships. Public Relations Review, 19(2), 131–139.

Hastch. M. J., & Schultz, M.(2008). Taking Brand Initiative ; How companies can align stratege, culture, and identity through corporate branding, Jossey– Bass.

Hall, Richard. (1992) The strategic analysis of lntengible resources, Strategic Management Journal, 13(2),

Herbig, P.., & Milewicz, J.(1993). The relationship of reputation and credibility to brand success. Journal of Consumer Marketing, 10(3), 18–24.

Hoq, M. Z., Ali, S. M., & Alwi, S. F. S.(2010). The relationship between ethical brand and company reputation : The Malaysian perspective Pakistan Journal of Commerce and Social Science. 4(1), 100–110.

Howard, S. (1998). Corporate image management, Singapore: Butterworth– Heinenmann.

Hacker, K. L., Zakahi, W. R., Giles, M. J., & McQuitty, S. (2000) Components of Candidate Image; Statistical Analysis of the issue–Persona Dichotomy in the Presidential Campaign of 1996. Communication Monographs, 67, 227–238.

—————————(2004). The Continued Impotance of Candidate image Construct.

In Kenneth]. Hacker (ed), Preidential Candidates Image. Rowman & Littlefield.

평판이 미래다

Holbrook, M. B., Batra, R. (1987). Asseing the role of emotions as mediatos of consumer responses to advertising Journal of Consumer Research, 14, 404-420.

Inversen, T., (1994) Political Ledership and Representation in the West European Democracies : A Test of Three Models of Voting. American journal of Political Science 38 No. 1, 45-74.

Jago, A. G., (1982) Leadership ; Perspectives in Theory and Research, Management Science.

Kelley, S, Jr., & Mirer, T. W. (1974) The simple act of voting. American Political Science Review, 68(June), 572-591.

Kinder, D. (1986). Presidential Character Revisited. In Lau, R., & Seard, D. (Eds.) Political Cognition; The 19th Annual Carnegie Symposium On Cognition; Hillside, NJ: Lawrence Erlbaum Associates.

Kinder, D. (1997). Public Opinion and Politic Action. In G. Lindzey and E Aronson(Eds.) The Handbook of Social Phsycology, New York: Rand McNally.

Krosnick, J. A. (1990) Government policy and citizen passion: A study of issue publics in Contemporary America, Political Behavior, 12(1), 59-92.

Lazarus, R. S. (1991) Emotion and adaption. UK: Oxford University Press.

Levitt, T.(1965). Industrial Purchasing Behaviour : A Study of Communications Effects. Harvard Business School Cambridge, MA.

Lewis-Beck, M. S., & Rice, T. (1992). Forecasting Elections. Washington DC: Congressional Quarterly Press.

Lodge, M., Taber, C. S., & Weber, C.(2006). First steps toward a dual process model of political beliefs, attitudes, and behavior. In D. Redlawsk (Ed.), Feeling Politics. New York: Palgrave Macmillian.

MaNair, B. (1999). An Introdution to Potical Communication. London & NY: Routledge.

McCombs, M., Llamas, J. P., Lopez-Esscobar, E., & Rey, F. (1997). Candidate images in Spanish elections:Second-level agenda-setting effects. Journalism and Mass Communication Quarterly, 74(4), 703-717.

――――――――――――――――――――――――――――, Jensen, T., & Todd, C.(1972). The generalizability of source credibility scales for public figues. Speech Communication Association Convention, Chicago.

McGraw, K. (1991). Managing Blame : an experimental investigation into the effectiveness of political account A merican Political Science Review, 85 (4), 1133-1158.

Miller, A. &Miller, W. (1976). Ideology in the 1972 election: myth or realty rejoinder. American Political Science Review, 70(3), 832-849.

Miller, A. H., Wattenberg, M. P., & Malanchuk, O. (1986). Schmatic Assessments of Presidential Candidates. American Political Science Review, 80, 521-540.

Nimmo, D. (1974). Images and voters' decision-making process. Advanced in Consumer Research, 1, 771-781.

――――――――, & Savage, R. L. (1976). Candidates and their images: Concepts, methods, and findings. Santa Monica, CA: Goodyear.

평판이 미래다

————————, & Sanders, K. R. (1981). Handbook of Political Communication. Beverly Hills, CA: Sage.

Noggle, G., & Kaid, L. L. (2000). In effect of visual image in political ads:Experimental testing of distortions ad visual literacy. Social Sience Quaterly, 81(4), 913–927.

Northouse, P. G. (2006). Leadership : Theory and Practice. 4th Edition, Thousand Oaks, CA: Sage Publications.

Peter H. Ditto &David F. L. (1992). Motivated skepticism :Use of differential desion criteria for preffered and nonpreferred conclusion. Journal of Personality and Social Psychology,63,68–584.

Post, J. E. & Griffin, J.J. (1997). Corporate reputation and external affair management. Corporate Reputation Review, Vol. 1 No. 1, 165–71.

Powell, L. (1977) Voting intention and the complexity of political images: A pilot study. Psychological Reports, 43, 343–347.

Pressman, J. L. (1972). Preconditions of Mayoral Leadship. American Political Science Review, 66(1), 511–524.

Popkin, Samuel L. (1991). The Reasoning Voter ; Communication and Persuation in Presidential Campaigns, Chicago: University of Chicago Press.

Rayner, J. (2003). Managing reputational risk: Curbing threats, leveraging opportunities. The Institute of Internal Auditors UK and Ireland.

Rindova, V. P., & Fombrun, C. J. (1998). The eye of the beholder: the role of corporate reputation in defining conversations. Thousand Oaks, CA: Sage Publ Inc. 62–66.

Sigel, S. R. (1964). Effect of partisanship on the perception of political candidates. Public Opinion Quarterly, 28, 483–496.

Shyles, L. (1984). The relationship of images, issues and presentatinal methods in televised spot advertisement for 1980's American presidential primaries. Journal of Broadcasting, 28(4), 405–421.

Seiter, J. S., &Gass, R. H. (2004). Perspective on Persuation, Social Influence, and Compliance Gaining, Peason.

Sen, S., Bhattacharya, C. B., & Korschun, D. (2006). The role of corporate social responsibility in strengthening multiple stakeholder relationships: A field experiment. Journal of the Academy of Marketing Science. 34(2),158–166.

Stokes, D. (1996). Some Dynamic Elements in Contests for the Presidency. American Political Sience Review, 60, 19–28.

Sherif, M. & Hovland, C. I. (1961). Social Judgement Assimilation and Contrast Effects in Communication and Attitude Change, New Haven, CT: Yale University Press.

Sherif, Carolyn Sherif, & R. E. Nebergall, 1965, Attitude and Attitude Change : The Social Judgement Involvement Approach Philadelphia: Saunders.

Surroca,J.,Tribo,J.A., &Waddock,S.(2010). Corporate responsibility and finential performance : The role of intengible resources,Strategic Management Journal, 31(5), 463–490.

평판이 미래다

Topalian, A.(1984). Corporate Identity : beyond the visual overstatement. International Journal of Advertising, 3(1), 55–62.

van Rial, C. B. M., & Fombrun, C. (2007). Essential of corporate communication. London: Routledge.

Vallone, R. P., Ross, L. &Lepper, M. R. (1985). The hostile media phenomenon:Biased perception and perception of media bias in coverage of the beirut massacre. Journal of Personality and social Psychology, 34, 66–89.

Walsh, G., & Beatty, S. E. (2007). Customer–based corporate reputation of a service form: scale development and validation. Journal of the Academy of Marketing Scince, 35(1), 127–143.

Whetten, D. A. & Mackey, a. (2002). A social actor conception of organizationl identity and its implications for the study of organizational reputation. Business and Society, 41, 393–414.

Waterman, R. W., Wright & St. Clair, G. (1999). The Image –Is– Everything Presidenvy.

Zinco, R. (2007) Antecedent and consequences of personal reputation (Unpublished doctoral dissertation). Department of management, Florida State University, Tallahassee.

"상대방이 훌륭한 명성을 갖도록 해주어라.
평판 중에서 가장 중요한 것은 리더의 신용이다."

– 데일 카네기 (미국의 리더십 전문가)

"회사 브랜드는 개인의 평판과 같다.
 명성은 힘든 일을 잘해내려고 노력할 때 얻을 수 있다."

- 제프 베조스 ('아마존'의 CEO)